## INTRODUCTION 巻頭言

# 日本のものづくりの未来を共に創るために

2023年2月、一般社団法人日本能率協会（以下JMA）主催の日本を代表する企業経営者との会合にて、「日本のものづくりは弱くなったという風潮にあるが、強みを改めて認識し、世界で日本企業がどのような貢献をしていくか考える必要があるのではないか」という問題提起をいただいた。

昨今は、ますます加速するグローバル競争市場や、誰も経験したことのない社会・経済情勢およびサステナビリティに関する課題など、個社だけでは解決できない困難な課題が増えている。今、資本主義経済の中では利他的な考え方が主流になっており、一人勝ちではなく協調しながらグローバル規模で持続的に健全かつ豊かな社会を創り出すための貢献が重要視されている。そのため、産業界の発展には競争するだけでなく、業界や業種、経営機能の枠を超えた協調領域を模索していくことが新たな価値になってきた。

JMAはあらゆる業界・業種で活躍される経営者・幹部と、日本の産業界発展のため80年以上活動し続けてきた。現在はますます複雑かつ多様化した経営課題に対し、開発・技術、生産、購買・調達など各バリューチェーンを横断した議論の場の創出と課題解決に向けた人・情報をつなぐことに大きな期待をいただいている。そこで「日本のものづくりが世界をリードするた

めに」を共通テーマに掲げ、"日本が発揮できるものづくりの強みは何か""持続的で豊かな社会の実現に向けて日本のものづくりがリーダーシップを発揮し、世界の模範となり、さまざまなビジネスシーンや社会課題解決で貢献できることは何か"など、多様な視点と価値観で紐解きながら真剣な議論を始めている。

これからの社会や産業界発展のため、「我々は未来を創っていく後進のために、何を残し、何を変え、何を創るのか」など、実論に基づいた予定調和ではない議論の場を通して、産業界の経営層の方々が各社各様の考え方やビジョンを語っておられる。我々以外の一人でも多くの方に知っていただき、願わくば共感をいただき、日本のものづくりの発展のための輪を広げていきたいと思い、本書を作成することに至った。

本書では、3名の有識者、13名の経営者より「日本の強み」「意思決定軸」「協調」というキーワードでお話しいただいた。今この瞬間も世の中で変化は起きている中で、唯一解はないが、変化に柔軟に対応するためのヒントや、読者の皆様が身を置いている環境、立場を踏まえ、他者との議論を引き起こすきっかけのようなものになれたら幸いである。

2024年1月
日本能率協会

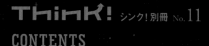

THINK! シンク!別冊 No.11

CONTENTS

強みを再発見、協調と競争で切り拓く

# 日本のものづくりが向かう未来

1　巻頭言

## 日本のものづくりには強みがある

Chapter 1

6　ハンデを背負って戦った30年が日本を強くした
　　今こそ、日本の製造業が誇る「現場の力」を最大化せよ
　　藤本 隆宏　早稲田大学　教授／東京大学　名誉教授
　　　　　　　一般社団法人ものづくり改善ネットワーク（MKN）代表理事
　　　　　　　合同会社FTものづくり研究所　代表社員

14　「深層の競争力」を強化する中小企業の生き残り戦略
　　社内の組織能力を鍛えれば変化に対応できる
　　中沢 孝夫　福井県立大学　名誉教授

20　戦略のグランドデザインを描けるかが鍵を握る
　　伝統と革新を織り交ぜた21世紀型の組織能力を構築せよ
　　光山 博敏　公立鳥取環境大学　経営学部　教授

26　COLUMN　JMAのミッション①
　　「場づくり」
　　連携して課題解決できる場をつくる

# Chapter 2

## 優れた意思決定で
## 世界を豊かにしていこう

**30** 生きた研究開発、事業感覚のある提案をどう育むか
研究者のマインドを変えた未来予測とシナリオづくり

佐見 学　アサヒグループホールディングス株式会社　執行役員
アサヒクオリティーアンドイノベーションズ株式会社　代表取締役社長

**36** 社員が成長することで会社も成長する「年輪経営」
快適な環境で社員の自発性を促し、ものづくりの好循環を実現

塚越 英弘　伊那食品工業株式会社　代表取締役社長

**42** 開発と購買・調達を一体化させたから見えてきたこと
製品を起点にサービスまで考える「シン・ものづくり」

三宅 徹　大日本印刷株式会社　常務取締役

**48** 世界シェア1位を誇る部品メーカーの強さの秘密
顧客価値を最大化するために技術者の「楽しさ」を引き出す

寺町 彰博　THK株式会社　代表取締役会長 CEO

**54** 「100年に一度の大変革期」に生き残るために
「環境」と「安心」を判断軸に事業ポートフォリオの入れ替えに着手

松井 靖　株式会社デンソー　代表取締役副社長

**60** 創業精神に回帰「人が手掛けないことこそをやる」
新規事業のアイデアを社内で公募「崖っぷち宣言」で意識変革促す

二之夕 裕美　株式会社東海理化　代表取締役社長

**66** COLUMN JMAのミッション②
「人材育成」
ものづくり業界を支える人材を育成する

**70** 変化はチャンス。機運を捉えて道を切り拓く
「間違いなくやってくる未来」を見据えた意思決定に勝機あり

宮部 義幸　パナソニック ホールディングス株式会社　取締役　副社長執行役員

**76** 製造業の未来を拓くのは経営者の手腕
社員のやりがいを引き出す自律分散型グローバル経営

東原 敏昭　株式会社日立製作所　取締役会長　代表執行役

82　判断軸は「時間×地域×サプライチェーン」
人や社会の役に立つクルマを。創業の原点が示す指針
菖蒲田 清孝　マツダ株式会社　代表取締役会長

88　ファスナーのスタンダード市場への挑戦
市場変容と顧客ニーズに寄り添い
ものづくり戦略を柔軟に再定義
猿丸 雅之　YKK株式会社　代表取締役会長

94　COLUMN　JMAのミッション③
「一隅を照らす」
善行に努力する人・工場を表彰する

## Chapter 3 他社との連携により壁を破ろう

98　大手ゼネコン5社が集結。初の技術連携で業界に革新
画期的オープンイノベーションを実現する「建設RXコンソーシアム」
村上 陸太　建設RXコンソーシアム　会長
株式会社竹中工務店　常務執行役員　技術・デジタル統括　技術開発・研究開発・構造設計担当

104　産官学連携の「この指、とまれ」に期待
業界をまたぐサプライチェーンの「プラットフォーム」創出へ
古川 雅晴　富士フイルムビジネスイノベーション株式会社　取締役 執行役員 調達 管掌 兼 調達本部長

110　「AI自動見積り」と「デジタルものづくり」で革新
商社とメーカーの協調が生んだ調達DX「meviy」
吉田 光伸　株式会社ミスミグループ本社　常務執行役員　ID企業体社長
遠矢 工　株式会社ミスミグループ本社　生産プラットフォーム　代表執行役員
株式会社駿河生産プラットフォーム　代表取締役社長

116　EPILOGUE
日本のものづくりの未来を育むためには?
業界や経営機能・部門の横ぐしを通した共創のハブになる
小宮 太郎　一般社団法人日本能率協会　専務理事

JN013389

# Chapter 1

# 日本のものづくりには強みがある

バブル崩壊以後、日本の製造業衰退論が騒がれて久しい。

失われた30年とは何だったのか。

かつて日本の製造業が誇った優位性は、本当に失われてしまったのか。

経営学の観点から、日本企業の強みは何でどう活かすべきか、3人の教授に聞いた。

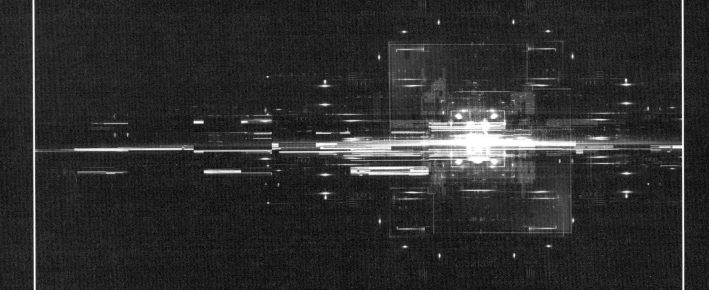

## 日本の製造業は過去30年 緩やかながら拡大してきた

「日本の製造業はもうダメだ」という言説をことあるごとに耳にする。しかし、私の意見は異なる。

実際、日本の製造業は、長期的には緩やかに拡大してきたのだ。政府統計のデータを見れば、日本の製造業の実質付加価値総額は1990〜2020年の約30年間で80兆円台から110兆円前後に緩やかとはいえ成長してきたことがわかる。この間、製造業就業者は約1500万人から1000万人程度まで減少したが、就業者数が減りながら付加価値総額が伸びたのだから、その割り算である製造業の付加価値生産性は当然上昇し、およ

そ2倍になった。日本の付加価値生産性は先進国中の下位に落ちたとされるが、製造業に限ってみれば、ざっと110兆円／1000万人＝1100万円となり、円レート次第とはいえ、国際的にも決して低いとはいえない。この数字は、中小零細企業も含めた製造業全体の平均である。仮に製造業以外の産業がこの生産性を得たならば、500兆円前後で停滞してきた日本のGDPは、政府の悲願である700兆円を優に超えるのである。

また、その間ずっと日本の製造業の付加価値総額はGDPの20%程度を維持しているが、G7でこれが20%を超えるのは、日本とドイツだけだ。

こうした現実をよりよく理解するには、まず、産業現場の能力構築の歴

史を振り返る必要がある。戦後の日本経済は大きく「冷戦期（ほぼ1950〜80年代）」と「冷戦後＝ポスト冷戦期（1990年代〜）」の二つの時期に区分できる。一言でいえば、日本は冷戦期に経済成長した国である。

まず冷戦前期、1950〜60年代は「移民なき高度経済成長期」だった。国内経済の高度成長に対し、物資、資金、人材などあらゆる生産資源が不足していた。なかでも人手不足は深刻で、労働力のスイッチング・コストが高かったため、一度雇った人材を大切にする長期雇用となり、同様に下請企業を確保する長期取引が育った。

さらに限られた人員で生産増加に対応するため、一人がいくつもの仕事をこなす多能工化が進んだ。

ハンデを背負って戦った30年が日本を強くした

# 今こそ、日本の製造業が誇る「現場の力」を最大化せよ

メディアで日本の「全産業空洞化論」や「製造業衰退論」が騒がれて久しい。

早稲田大学の藤本隆宏教授は、こうした衰亡論を「客観的データに反する錯覚」と喝破する。

むしろ、日本の製造業に日の光が当たるのはこれからだと語る。

同氏に、日本企業が持つ優位性と、これから用いるべき戦略について聞いた。

Photo: Takafumi Matsumura    Text: Daisuke Ando

## 藤本 隆宏

早稲田大学　教授／東京大学　名誉教授
一般社団法人ものづくり改善ネットワーク（MKN）　代表理事
合同会社FTものづくり研究所　代表社員

結果、トヨタ生産方式に代表されるように、「多能工のチームワーク」で競争力を発揮する、調整能力の高い現場が数多く生まれた。

これに続く冷戦後期の1970〜80年代は「冷戦下の国際競争期」と言える。とはいえ、中国はまだ「東西分断の壁」の向こうにあり、あくまで西側先進国間の国際競争だった。

1970年代は国内経済成長鈍化や石油ショックに加え、71年ドル・ショック以後の円高趨勢もあって、競争条件は厳しさを増したが、まさにこの時期に日本の貿易黒字が定着したのは驚くべきことで、国内産業現場の生産性・品質の大幅向上なしには説明できない。例えば自動車は、対米貿易摩擦を引き起こすほどに輸出が拡大した。

## 「失われた30年」ではなく「苦闘の30年」だった

この時期の貿易財産業の競争力の源泉は、現場の能力構築だった。日本の優良現場は成長鈍化や円高といった逆境に対抗し、製造・開発の生産性、品質、リードタイムの競争力を向上させた。1980年代後半、日本の自動車組立現場は米国のそれと比べて約1.5倍、製品開発の現場でも2倍弱の物的労働生産性を示し、自動車やアナログ家電といった調整集約的な機械製品を中心に貿易黒字を築き

図表1　日本の製造業　付加価値生産性の推移（1人当たり）

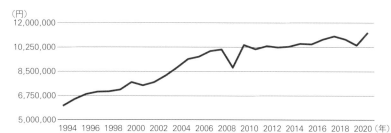

内閣府HP（https://www.esri.cao.go.jp/jp/sna/data/data_list/kakuhou/files/2021/2021_kaku_top.html）のデータをもとにMKNで作成

上げた。

ところが、東西冷戦終結により1990年代以後の「ポスト冷戦期」に入ると、日本のものづくり現場は一転して受難の時代を迎える。

最大の要因は、冷戦終結後の中国製造業の世界市場参入だ。突如として賃金が約20分の1の人口大国が日本のすぐ隣に現れたのである。つまり、いきなり20倍のハンデを背負わされ、国内工場が大幅に生産性を高めても焼け石に水の厳しい状況となった。

加えて、1990年代はデジタル情報革命が重なり、家電製品等の設計思想（アーキテクチャ）が、日本企業が苦手とする調整節約型（モジュラー型）に変化した。これに円高も加わり、テレビなどの家電産業や半導体産業は国際競争力を落とし、国内工場閉鎖や中国等への工場移転が進んだ。

だが、テレビや半導体など一部の企業や産業の衰退をもって「日本のものづくり産業全体が衰退した」とするのは、部分と全体の混同だ。確かに

テレビや半導体では大敗を喫したが、前述のように製造業全体は縮小していない。勝ったというにはほど遠いが、全面的に負けたわけではないのだ。

現在も低燃費自動車、高性能産業機械、機能性素材など、調整集約的なインテグラル（擦り合わせ）型アーキテクチャの製品は輸出競争力を維持している。2022年の日本の工業製品の輸出額は、円安もあり史上最高だった。日本の製造業は確かに「苦闘の30年」を経験したが、これを「失われた30年」とするのは、統計的事実に反する錯覚である。

## ■ 競争力向上のヒントは 古典派経済学にある

私は、古典派経済学、中でもリカードの比較優位説の現代的解釈に、日本製造業の競争力を考えるヒントがあると考える。

リカードの比較優位説（比較生産費説）は、製造原価（生産費）を直

接労務費に還元する労働価値説に基づき、製品の個あたり生産費を、労働投入係数（人・時／個）と時間賃金率（一人当たり賃金・個）の掛け算で求める。この式は素朴だが、労務費が決定的であったポスト冷戦期には意外なリアリティを持った。

この式の労働投入係数（逆数）を、現場の能力構築努力で大幅に向上できる「物的労働生産性」に読み替えることで、日本の製造業の実態が概ね説明できる。実労働時間に占める付加価値作業時間の比率（正味作業時間比率）を2倍にすれば、他の条件が一定なら物的労働生産性は2倍になる。これがトヨタ生産方式の基本であり、ポスト冷戦期の日本の国内工場が生き残りのために行ってきた物的生産性向上努力の内容にも合致する。

例えば、付加価値を生まぬ歩行時間（付随時間）や手待ち時間（ムダ）を減らす現場の流れ改善や、一人が多数の機械を操作する多台持ちによって、大きな設備投資なしに労働生産性を数倍にした国内工場は少なくない。

とはいえ、生産性を2倍あるいは数倍に高めて生き残っても、賃金は上げられない強力なデフレプレッシャー下にあったのが、ポスト冷戦期の対低賃金国グローバル競争の実態だった。

しかし、2005年頃になると状況が変わる。中国の農村地域からの労働力無制限供給が遂に限界に達し、賃金が5年で2倍ぐらいのペースで高騰し始めたのだ。20倍あった日中賃金差も、いつのまにか2〜3分の1にまで縮小した。すなわち賃金差を生産

図表2　日本製造業の就業者数と実質付加価値総額の推移

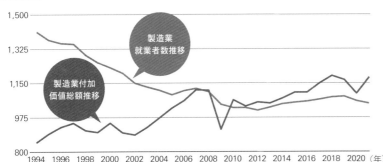

単位：―就業者数＝万人　―付加価値総額＝千億円

内閣府HP（https://www.esri.cao.go.jp/jp/sna/data/data_list/kakuhou/files/2021/2021_kaku_top.html）のデータをもとにMKNで作成

性の差で取り返せる射程距離に入った。実際、筆者の調査でも、個当たり原価で中国工場に負けなくなったという国内工場が、2010年代には各地に現れた。

これらの流れは、前述の古典派経済学的解釈で、大まかな流れが把握できる。ちなみに、教科書で採用される新古典派の経済学は、一般均衡モデルなど精緻な構造を持つが、企業間の生産関数を概して均一とするため、賃金も物的生産性も数倍単位で動いたポスト冷戦期の産業の動態的分析ではリアリティに欠け、むしろ古典派経済学の現代的解釈のほうが役に立った感がある。

いずれにせよ、ポスト冷戦期に日本経済が伸び悩んだことは確かだが、国内産業現場が全面的に衰退したわけではない。むしろ存続した現場のハンデ抜きの実力は飛躍的に高まったのである。そうした現場の実態を無視した情緒的な製造業衰退論は、経営者の「負け癖」的な判断ミスを誘発し、自滅的な産業停滞につながりかねないという意味で、有害とさえ言えよう。

## ▌付加価値の源泉は「設計情報」である

近年の産業競争の推移は、「設計の比較優位説」で説明できる部分が多い。これは、付加価値の源泉は設計情報に宿るという洞察に基づく。

例えばコップの場合、紙製であれガラス製であれプラスチック製であれ、コップとしての構造（形）と機能（働き）

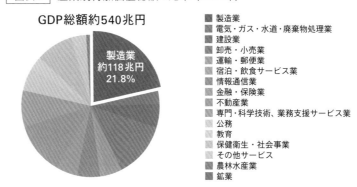

図表3　産業別付加価値総額の比率（2021年）

GDP総額約540兆円

製造業　約118兆円　21.8%

■ 製造業
■ 電気・ガス・水道・廃棄物処理業
■ 建設業
■ 卸売・小売業
■ 運輸・郵便業
■ 宿泊・飲食サービス業
■ 情報通信業
■ 金融・保険業
■ 不動産業
■ 専門・科学技術、業務支援サービス業
■ 公務
■ 教育
■ 保健衛生・社会事業
■ その他サービス
■ 農林水産業
■ 鉱業

内閣府HP（https://www.esri.cao.go.jp/jp/sna/data/data_list/kakuhou/files/2021/2021_kaku_top.html）のデータをもとにMKNで作成

を持つ人工物はコップと認識される。そしてコップをつくる人は、その機能（利便性、安全性、見栄えなど）と構造（寸法、形状、材質など）を事前に決めるが、この行為を「設計」という。そして設計情報を紙やガラスなどの媒体（直接材料）に転写することを「生産」という。よって、設計され生産される「製品」とは、設計情報と媒体の結合体である。

これを経済学的に見るなら、消費者が1個100円で買ったコップの直接材料費が30円なら、付加価値は70円。しかし前述の分析から、この付加価値の源泉は、その製品の機能・構造の設計情報以外にはない。つまり、日本経済を構成する付加価値の源泉は設計情報である。そして広義の「ものづくり」とは、産業現場で付加価値のよい流れをつくることであり、それは「よい設計のよい流れ」づくりと言い換えられる。こうした顧客へ向かう設計情報の流れをいかに統御するか、すなわち「よい設計のよい流

れ」をつくり出すかが「ものづくり」の本質である。

したがって、それぞれの産業の国際競争力（比較優位）は、「よい流れ」をつくるものづくり組織能力（例えばトヨタ生産方式）と、「よい設計」を支える設計思想（アーキテクチャ）の適合性に大きく左右される。私はこれを「設計の比較優位説」と呼ぶ。

例えば、設計とは製品機能と製品構造の調整作業であるが、そうした設計調整を多く要する設計調整集約型、すなわち「インテグラル（擦り合わせ）型」アーキテクチャの製品は、戦後日本の現場で発達した「多能工のチームワーク」による調整能力と相性がよく、設計の比較優位を持ちやすい。

## ▌「よい流れ」を生み出す多能工のチームワーク

アメリカは、20世紀の前半に大量の移民が流入することで高度成長を遂げた。そのため、流動する労働力

を即戦力として活用する分業志向が強く、単能工による標準化生産が発達した。そして約100年後、中国もまた、内陸部からの億単位の農民工が沿海部工業地帯に流入し還流することで高度成長を達成した。つまり米中は、分業型の高度成長という点では似ていたのだ。

一方、前述の通り「移民なき高度成長」という歴史的な経路依存性から、日本の優良現場の多くは「多能工のチームワーク」を強みとしてきた。

そして、前述の「設計の比較優位説」が予想するように、戦後日本の多くの製造業現場で発達した、調整能力の高いチームワーク型の現場は、調整集約的なインテグラル型製品で競争力を発揮しやすい。

インテグラル型とは、高機能自動車などのように、多数の構造要素（部品）と多数の機能要素が多対多で複雑に絡み合う製品を指す。例えば、自動車であれば、エンジンやボディ、サスペンションといった構造要素（部品）が、走行安定性をはじめ安全性、操作性、乗り心地、燃費などなど複数の機能要素に影響するため、これら要素間で統合・調整が必要になる。つまり設計調整集約的な製品である。対するモジュラー（組み合わせ）型は、各部品（構造）が一機能に特化した機能完結部品に近く、また部品間のインターフェースが標準化され、汎用部品を多く使う設計調整節約型の製品である。

設計の比較優位説によれば、多能工のチームワークが「よい設計のよい

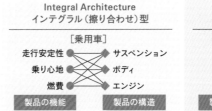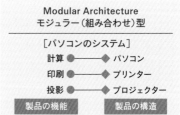

図表4　モジュラー（組み合わせ）型アーキテクチャと
インテグラル（擦り合わせ）型アーキテクチャ

流れ」を生み出す調整能力型の現場、例えばトヨタ生産方式を導入した工場が得意とするのは、その調整能力が活きる調整集約型、すなわちインテグラル型製品だと予想できる。

日本製造業が今後の成長を目指すのであれば、まずは自らの強みと弱みの傾向を知り、「強みを伸ばし弱みを補う」という戦略論の原点に立ち返ることである。その原点は設計論と組織能力論にあると「設計の比較優位論」は見る。目先の流行を追った挙句に不得意製品に資源投入し敗退する愚を繰り返してはいけない。「アメリカが勝っている製品だからとりあえず日本でもやろう」という追随論理は、貿易財では通用しないのである。

## 日本企業を裏で支える「三方よし」の精神

日本企業の独自の強みとして忘れてならないのが「三方よし」の精神だ。これは近江商人に古くから伝わる知恵で、「売り手よし、買い手よし、世間よし」を目指す経営哲学である。一

定の利益率を確保しながら（売り手よし）、顧客満足（買い手よし）を追求し、なおかつその地域に貢献（世間よし）するのである。そして最も重要な地域貢献は、雇用安定だといえる。

実際、日本企業の多く、とりわけ地域に根付いた中小企業の多くは、顧客満足を前提とした上で、「一定利益率の確保」と「雇用数の安定」という二つの目的関数で動いている。

こうした企業は特に製造業に多く、従業員の大半が地元出身であるなど、地域の一部としての顔を持つ。産業現場は常に「地域に埋め込まれた存在」であり、利益確保と顧客満足だけでなく、雇用安定を通じて地域に貢献することも期待されている。

地域に埋め込まれた地場の現場指向企業には、「三方よし」という「日本版マルチステークホルダー主義」を行動指針とする経営者が多い。

しかし、低成長企業が生産性を上げれば、人が余る。ここで余剰人員を解雇したら、さらに生産性を上げようとしても、残留従業員は、次は自分が解雇されるかもしれず、消極的にな

る。一方、地域密着型の工場長や社長は、「解雇などしたら、この町で表通りを歩けなくなりますよ」と言う。こうした地域指向企業では、雇用確保は一つの目標関数となり、そのために社長が走り回って需要創造を試みる。生産性向上と需要創造は、利益確保と雇用安定の同時達成のために不可欠な車の両輪だといえる。

## ▌デフレプレッシャーが終わり 生産性向上が必須の時代に

しかし、デフレプレッシャー下、ポスト冷戦期の地域経済には、そうした「積極的企業」に対して、「消極的企業」も多くいた。すなわち、安定雇用は維持するが、生産性も賃金も上げず、販売量も現状維持という中小企業経営者も多かったのだ。そして、不況や経営不振時には政府の雇用調整助成金等に頼る。デフレ下では、こうした消極経営も存続可能だった。

ところが、中国等の新興国の賃金が上昇してデフレプレッシャーが弱まり、他方で予想外のコストプッシュインフレ効果で、30年ぶりに日本でも賃金が上がり始めた。さらに円安もあって原料・燃料の価格も上がった。2022年の、工業製品輸出が史上最高の中での貿易赤字約20兆円も、主因は原料・燃料・食料等の一次産品の価格高騰である。さらに今後は、国内の労働力不足が加速化し、地域経済全体で賃金上昇は必然だ。よって、今や現状維持の消極的企業は成立しなくなる。一定の利益率・雇用・付加価値を確保するには、地域を挙げて労働生産性を上げるしかない局面がきたのである。

## ▌現場の動向や能力を把握し 長期的視野で海外展開を

このように30年ぶりに潮目が変わった現在、日本産業の強みは、やはり現場にある。現場にスポットを当てることは、企業のグローバル競争戦略にとっても欠かせない。逆に、現場の長期的な実力を見誤った「負け癖経営」は自滅的な形で行き詰まりやすい。

すなわち、産業現場にやや疎いタイプの経営者は、中国の台頭とデジタル情報革命という「冷戦後」のグローバル競争期における苦戦のトラウマから、「コスト競争＝低賃金＝日本は勝てない」という固定観念からなかなか抜け出せないように見える。

確かに「賃金20分の1」という圧倒的コスト圧力から1990年代以後中国等へ工場進出した企業は多かったが、新興国の国内でコスト競争が激化すれば、現地工場でも生産性向上の努力が必須となる。まして現地の賃金が高騰し始めれば、日本のマザー工場からの生産性向上支援が必要となる。かつて、短慮で国内のマザー工場をすべて閉鎖してしまった日本企業は、日本からの組織能力移転ができないので、中国などの現地工場は現地で競合に負け、より低賃金の国への撤退を余儀なくされた。主に2005年以後のことである。一方、国内に「戦うマザー工場」を残した企業は善戦した。

2007年ごろの話だが、中国の現地工場が賃金高騰のなかで生産性が上がらずコスト競争で劣勢だというので「貴社には日本にマザー工場があったでしょう」と問うと、あそこは今は倉庫同然で、ベテラン製造経験者は残っているが現役の工場としては競争力は無いとの話。そうなると、日本から教えに行っても、実際に戦っている現地工場には相手にされなくなる。マザー工場といっても、教えるだけの「レッスンプロ」的工場ではなく、日本国内で生産革新や生産性向上で、自ら生き残りをかけて戦っている「ツアープロ」的工場でなければ海外工場もつい

**PROFILE**

藤本 隆宏（ふじもと・たかひろ）

1955年生まれ。早稲田大学教授／東京大学名誉教授。東京大学経済学部卒業後、三菱総合研究所、ハーバード大学博士課程を経て東京大学経済学部教授に。ものづくり経営研究センター長などを歴任。専門は技術・生産管理論、進化経済学。主な著書に『生産システムの進化論』（有斐閣）、『生産マネジメント入門』（日本経済新聞社）、『能力構築競争』（中公新書）など多数。

てこない。グローバル能力構築競争を勝ち抜くためには、国内にこうした「戦うマザー工場」を残す必要があったのだ。

新興国の賃金高騰により、「国内現場も生産性で勝てばコストで勝てる」という新局面に入った2020年代において、経営者は徹底的に自社の現場の能力構築競争や「裏の競争力」の長期趨勢を知悉すべきだ。例えば国内外現場のコスト競争力は、単に塊としてではなく賃金率、材料単価、材料生産性（歩留り）、物的労働生産性などに要因分解して、各々の長期動向を把握すべきだが、こうした数値は現場のほうが正確に把握していることが多い。確かに今後はコネクテッド・スマート工場化で、本社による現場データの遠隔収集は容易になるが、科学的問題解決を続ける現場に対する土地勘がない人がそれを見ても有効な手は打てない。

このように、生産性向上が必須の新局面において、自社の現場の長期動向や潜在力をよく把握していないと、賃金中心の机上計算だけで国内の優良現場を閉鎖し海外移転した過去の自滅的な失敗を繰り返しかねない。

海外工場との国際サプライチェーンは、多くの企業にとって今後も有力な武器の一つである。だが、グローバル経営に求められるのは、長期判断を欠いた流行追随的な海外展開ではなく、骨太な歴史認識に基づく、長期全体最適のための国内外拠点のバランスをとった「二本足で立つ経営」である。

## ■ 災害に負けない
## サプライチェーンの強靭さ

繰り返すが、統計的事実にも現場の実態にも反する情緒的な製造業衰退論は、30年ぶりに潮目が変わる日本経済・産業の現段階においては有害でさえある。円高や国内外賃金格差といったハンデ、あるいはデジタル情報革命によるアーキテクチャの変異などによって、「冷戦後」の国際競争期に、日本の製造業は苦闘を強いられた。それでもインテグラル型製品の分野を中心に日本の国内優良現場の多くは、生産性、品質、リードタイムなど、いわゆる「裏の競争力」を高め続けた。その成果は、前述の通り、国の産業統計を見れば明らかだ。

中国をはじめ新興国の賃金上昇という長期趨勢に加えて、2022年2月に始まったロシアによるウクライナ侵攻などを背景とする原燃料費の高騰、円安趨勢など、より短期的な激変もあり、グローバル競争の潮目は変わってきた。地道な能力構築を続けてきた、中小中堅を含む日本の優良ものづくり企業にとって、ようやく「夜明け」が訪れたと言ってよかろう。現に、グローバル化したサプライチェーンが、パンデミックや、米中摩擦や、ウクライナ紛争など安全保障の問題といった不確実性を抱える中で、小さなコスト差より供給の精度や安定性が重視されるようになってきた。災害多発国としての対応力を否応なく蓄積してきた日本の企業の中には、そうそう止まらない生産現場、いざ止まっても迅速な復旧や代替生産開始ができる国内現場に海外顧客の評価が集まり、2020年ごろから、高機能産業材を中心に受注が増えているところが多い。当面、輸出増も含め生産能力いっぱいでの操業が続く国内工場は、中小企業も含め少なくない（彼らは概して沈黙しているのであまり表に出ないが）。

**図表5** 工業製品貿易収支の推移

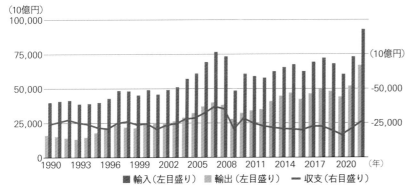

財務省貿易統計（https://www.customs.go.jp/toukei/search/futsu1.htm）のデータをもとにMKNで作成

## デジタル化が進む現代
## 日本が採るべき戦略は?

比較優位説が200年説いてきたように、どの国にも比較優位産業と比較劣位産業があり、今後の日本でも、すべての産業で高い国際競争力を持てるわけではない。そして、デジタルトランスフォーメーション（DX）が叫ばれる渦中、「日本はオープン・モジュラーのデジタル系は苦手」という傾向は、残念ながら設計の比較優位説が予想するところでもある。

こうしたデジタル化時代の産業競争分析に関して、筆者は「上空」「地上」「低空」の三層のアナロジーで捉えている。

このうち「上空」はICT（情報通信技術）の技術革新が急激に進む、質量のない「サイバー層」で、いわゆるGAFA（グーグル、アップル、アマゾン他）などアメリカの「プラットフォーム盟主企業」の独擅場となっており、残念ながらこのオープン・アーキテクチャの領域で日本企業の出番は、少なくとも当面は望めそうもない。

これに対して「地上」とは質量のある物財が物理法則に左右されつつ流れる「フィジカル層」だ。このクローズド・アーキテクチャ（日本が得意なインテグラル型を含む）の世界では、現場改善や生産革新をコツコツと積み重ねてきた日本企業の優良現場が、依然として高い競争力を持つことが多い。

そして2010年代から重要性を増してきたのが「低空」だ。これは「上空」と「地上」をつなぐインターフェイス層、あるいはサイバーフィジカル層

で、上空と常時接続、地上と即時（リアルタイム）接続されたサイバーフィジカルシステム（CPS）あるいはデジタルツイン、エッジコンピューティングなどが主役となる。

CPSを通じて工場や機器の間をつなぐネットワーク構築や、各現場に設置されたセンサーが収集する膨大な情報群を用いた工場のインテリジェント化に関しては、世界規模での主導権争いがすでに始まっている。工場内・工場間のネットワーク化では、日本企業に技術力でも実績でも蓄積がある。「低空」においては、日本は国内実力企業が連携することで、例えば日米独が主導する「天下三分の計」に持ち込めれば上々だろう。

ただし、高度なコネクテッド・インテリジェント工場化が中小企業でどこまで進むかは未知数だ。インダストリー4.0の本場、ドイツでも「そんなものは要らない、無くても戦える」といった中小企業の拒否反応は多い。ドイツの「4.0」はその点で行き詰まっているとの見方もある。

結局、現場で進められてきた「よい

設計のよい流れ」に向けた継続改善、能力構築と両立させる形になっていない「DXのためのDX」は本末転倒だ。

2010年代から4.0、IoT、DXと続く流行の連鎖の中で、目的と手段を混同した「DXのためのDX」が失敗であったことは、すでに歴史的事実である。本社から落下傘部隊のように派遣されたデータサイエンティストが、優良な現場集団が持つ科学的改善マインドを軽視した「因果仮説なきビッグデータ分析」を押し付けても、混乱と反発を生むだけであった。

科学的改善マインドの強い日本の優良現場のリーダー層は、流れ改善の仮説検証を繰り返し行う「現場サイエンティスト」である。そうした現場サイエンティストのデータ教育と、データサイエンティストの現場教育を連動させ、両者が連携して改善サイクルを2倍速・3倍速で回し、生産性向上が継続的に進む「明るい現場」を構築できるかが、「多能工のチームワーク」とICTが共存する日本において「勝てるDX」とも言える「協働型スマート工場」の成否の分かれ目になるだろう。

図表6　現代の産業は「上空・低空・地上」の3つに分けて捉える

## 混沌の時代に問われる「深層の競争力」とは?

日本の製造業を取り巻く環境は混沌としている。脱炭素やサプライチェーンの再構築の問題に加え、地政学リスクも生じた。顧客や消費者からは、常に新構想や新製品、技術革新が求められている。自社だけでは解決しきれない課題が増え、先行き不透明で、将来の不確実性は増すばかり。それが経営者の実感だろう。

このような状況で、経営者はどんな舵取りをすればいいのだろうか。

私は、中小企業が本能的に取り組んできた「生き残り戦略」の中にヒントがあると思っている。

もちろん「生き残り戦略」と言っても、業種や業態によって手法はさまざまだ。そこで3つのキーワードに着目したい。まず最初に、たゆまぬ改善による「競争力の強化」だ。次に「横のつながり」を活かした協業。最後に「海外進出」による取引の多角化である。

1つめの「競争力の強化」から見ていこう。

これは、藤本隆宏氏が唱える「表層の競争力」と「深層の競争力」の概念で捉えるとよい。

「表層の競争力」とは、価格やデザイン、機能面などの競争力だ。顧客や消費者にとっても理解しやすいが、表面的なものであるため真似しやすい。

もう一つの「深層の競争力」とは、日々の業務の中で「どうすればよりよいものができるか」を考え、実現するための「組織能力」のことだ。

ここでいう「組織能力」とは、商品やサービスを生み出す企画力や開発力、技術力、工程設計能力のほか、意思決定の体制や社内のちょっとした習慣を含めた、総合的な能力を指す。品質や機能、納期に大きな影響を与える重要な要素だ。同業他社と同じ競争条件なのに利益率で劣るのは、この「組織能力」に違いがあるケースが多い。

組織能力は一朝一夕で手に入れられるものではなく、根気強く、時間をかけて社内に形成していく必要がある。

ただし、いったん手に入れてしまえば、こんなに重宝なものはない。あらゆる事業活動に活かすことができるからだ。経営レベルでも現場レベルで

「深層の競争力」を強化する中小企業の生き残り戦略
# 社内の組織能力を鍛えれば変化に対応できる

今、日本企業には脱炭素や地政学リスクなど、1社では解決しきれない難問が突きつけられている。
この混沌とした状況の中、経営トップはどんな対応をしていけばいいのか。
福井県立大学名誉教授の中沢孝夫氏によれば「組織能力の構築」、
「横のつながりを生かした協業」、そして「海外展開」が鍵を握るという。

Photo: Takafumi Matsumura　Text: Daisuke Ando

## 中沢 孝夫

福井県立大学　名誉教授

も自律的に改善を繰り返せるようになり、既存事業はもちろん、新製品の展開や新事業の立ち上げでも成功を収めやすくなるだろう。

現在も生き残っている日本企業は、すでにある程度の「組織能力」を持っているケースが多い。だが、一部の不良企業を見てもわかる通り、この組織能力は簡単に錆びついてしまうので注意が必要だ（日本を代表する大企業であっても、だ）。経営者が取り組むべきは、この「組織能力」を鍛え、磨き続けることにほかならない。

### ■ 競争力のある企業には やりやすい時代になった

次に「横のつながり」について見てみよう。

かつての企業は「系列」という縦の関係だけを重視していた。この上下関係は大企業と中小企業の双方にとってメリットがあった。

大企業はパートナー企業（下請け）を囲い込めたし、中小企業は完成品メーカーとの間の長期取引によって営業コストを削減し、QCD（品質・費用・納期）の精緻化に専念できた。

一方、「系列」は親会社から系列会社への天下りや、よいものをつくってさえいればいいとするプロダクト・アウト志向一辺倒の風潮も生み出した。

結果、理論的経営手法は退けられ、取引慣行や技術プッシュ志向経営ばかりが重視されるようになった。

だが、2000年頃に始まった技術革

図表1 ｜ 「表層の競争力」と「深層の競争力」の例

| 表層の競争力 | 深層の競争力 |
| --- | --- |
| 価格、デザイン、性能、ブランド、広告価値、市場シェア、満足度、株価など… | 企画開発力、技術力、生産性、工程設計能力、リードタイム、問題発見、改善、コスト管理など… |

新の多様化とグローバル化によって、状況は一変する。取引関係の再編が始まり、系列は衰退。大企業・中小企業ともに、突如として多角的なネットワークの構築が求められるようになった。

歴史や伝統のしがらみに足を取られた企業はここでつまずき、定期的に他社と連絡を取り、情報交換をしていた企業は上手に切り替えることができた。ケースバイケースだが、中小企業のほうが上手に対応したように思う。

したたかな中小企業は系列全盛期の時でさえ「横のつながり」を重視し、連絡を取り合っていた。そうしなければ生き残れなかったからだ。商工会議所などの集まりでライバル会社の社長を見つけ、「おたく、今どうやってるの?」と意見交換をする姿を、筆者もよく見たものである。

今では、規模の大小にかかわらず「横のつながり」をつくるのが当たり前になりつつある。こうした状況で問われるのは「取引相手にどれだけメリットを提供できるか」である。

代替技術やパートナーを探しやすくなったため、離合集散は激しくなった。こういう状況では、受注側はよい仕事、儲かる仕事を提供してくれない発注者から離れていくことになる。受注側は発注者によい提案ができないと、どんどん仕事が減ることになる。

他とは違う技術やサービスを持っている企業にとっては、大きなチャンスだ。自分たちの強みやよさをきちんと活かしてくれる顧客やパートナー企業とよい仕事に取り組めるからだ。

## 技術力のある会社ほど海外進出すべき

そういう意味でも「海外進出」を強く推奨したい。海外進出には販路拡充以外に、2つの利点がある。1つは、国外で新たな協力パートナーを探せること。もう1つは、自社のオリジナリティや強みを再認識できることだ。

広島県府中市の家具メーカー群の例を紹介したい。この地域は江戸時代から職人が多く、伝統的に家具の製造が盛んだった。戦後、団塊世代やその子ども世代の結婚ブームでは、大いに活況を呈した。

だが、1990年代頃に逆風が吹く。結婚ブームが去り、1995年に起きた阪神淡路大震災の教訓から新築マンションでは下駄箱やクローゼットを備え付けるのが当たり前となった。結果、衣装ダンスなどの需要が激減。多くの家具屋が廃業を余儀なくされた。

そんな中、一部の企業はブランド家具や特殊家具に特化し、海外に活路を求めた。ある会社はニューヨークにショーウィンドウを常設し、世界の大富豪をターゲットに高級家具を販売した。ある会社はクルーザーの内装一式をオーダーメイドで請け負った。

どちらも大成功だった。両社とも、今や世界的に有名なブランドとして地位を確立している。

私が福井県立大学時代に関わった鯖江市の企業でも、海外進出によって成功した例は多い。メガネで世界に進出した会社や、飛行機の機内食を保管するキャビネットケースを開発した企業など、枚挙にいとまはない。

## 北川鉄工所を支える組織能力の高さ

「競争力の強化」「横のつながり」「海外進出」という3つの取り組みは、特段、目新しいものではない。だが、本当にいい企業はこれらを通して、経営の本質の一つである「他者との差別化」に忠実に取り組み続けている。

その好例として、広島県府中市に本社を置く株式会社北川鉄工所を挙げたい。同社は、橋梁建設に用いられるクレーン製造や自動車エンジンの鋳物部品の加工を行う、社員約1400人ほどの機械メーカーだ。

府中市は起業家精神に富んだ土地柄で、人口3万6000人ほどの小都市

| 図表2 | 中小企業の生き残り戦略 |

| 競争力の強化 | 横のつながり | 海外展開 |
|---|---|---|
| ・表層の競争力の鍛錬<br>・組織能力の維持<br>・組織能力の強化 | ・系列を超えた企業同士の情報交換<br>・よい仕事、儲かる仕事、改善をお互いに提供しあう | ・販路の拡充<br>・新たな協力パートナーの発見<br>・自社の強みを再確認 |

| 図表3 | 北川鉄工所は高い組織能力で事業の多角化に成功している |

| 1918年 | 1937年 | 1940〜1959年 | 1960〜1980年 |
|---|---|---|---|
| ◆船具製造業として創業 | ◆鉄工業に業種転換 | ◆産業用機械、船舶用機械事業に参入<br>◆土木建築、鉄骨橋梁事業に参入 | ◆工作機器事業に参入<br>◆特殊工作機械事業に参入<br>◆工機、建機、鋳造、住宅の4事業部体制に |

| 1981〜2000年 | 2001〜2010年 | 2011〜現在 |
|---|---|---|
| ◆建設用クレーンの製造開始<br>◆自走式立体駐車場事業に参入<br>◆コンクリートプラント事業に参入<br>◆環境関連事業に参入<br>◆タイに進出 | ◆「事業構造改革」に着手<br>◆中国事業所を上海に設立<br>◆シンガポールに駐在所開設<br>◆成長分野への集中投資を開始 | ◆メキシコに進出<br>◆デザインチャック市場に参入<br>◆微小重力環境細胞培養装置を販売開始<br>◆UAV産業に参入<br>◆半導体製造装置分野に参入 |

ながら創業100年以上の長寿企業が60社以上にのぼる。

北川鉄工所は大正期に船具製造からスタートした。昭和初期に鋳鉄業を開始。戦後は産業機械の製造販売に転換し、タワークレーンのトップメーカーとなった。

その後、羽田空港の駐車場に代表される駐車場建設など次々と新事業を展開。コンクリートミキサーの分野では国内シェアの約30%を握っている。

また、タイやメキシコなど海外進出にも積極的だ。グローバルカンパニーとして現地の自動車産業に技術を認められる存在になり、今後は電気自動車への進展も視野に入れている。

北川鉄工所は、長い期間の中でさまざまな事業を展開し、そのいずれでも成果を挙げてきた。それは製品開発力や工程設計力、課題発見能力、人材育成などに長けているからだ。つまり、会社として強靭な「組織能力」を持っているのである。この組織をつくりあげた故・北川一也名誉会長と、

現会長の北川祐治氏の経営手腕は評価されてしかるべきだろう。

## 地元企業ヒロボーと提携しドローン事業を開始

北川鉄工所が素晴らしいのは、事業の柱をいくつも持ち、グローバルでの多角化にも成功しているにもかかわらず、さらなる事業展開のために技術開発を怠らないところだ。

今、彼らが注力している事業の一つが、UAV事業である。UAVとはUnmanned Aerial Vehicleの略で、いわゆるドローンのことだ。

2017年ごろ、北川鉄工所は「横のつながり」を活かし、同じ府中市内にあるヒロボー株式会社に声を掛ける。

ヒロボーは戦後、紡績会社としてスタートした。オイルショックなどの影響で1970年代に事業を多角化し、無人ヘリコプターの製造販売で大成功を収めた。農薬散布の需要を素早くつかみ、世界シェア1位の座に躍り出た。

2017年当時も無人ヘリの分野では国内1位、世界でもトップクラスのシェアを誇っていたが、同時並行で進めていた自動車向けプラスチック部品事業がさらに大きく伸展。ヘリコプター事業を手放す決断をしていた。

北川鉄工所が話を持ちかけたのは、まさにそのタイミングだった。そこで、翌2018年にヒロボーとの共同出資で株式会社エールリンクスを設立、ドローンの製造販売を移転させた。2020年、開発と製造を強化するために、北川鉄工所がエールリンクス社の株式100%を取得。現在は、全社員18人をまるごと本社に引き取り、開発・製造に当たらせている。

ドローンと言うと、ウクライナ戦争などの影響もあり、兵器のイメージが強い。だが、事業を進めてみると、点検用ドローンなど、産業用途の需要が高いことに気づいたそうだ。

現在、ドローン市場のシェアは圧倒的1位が中国で、2〜3位にアメリカ・イスラエルと続く。日本は欧州と4〜5

位を争うといったところだ。シェア1位の中国製は、もともとホビーから始まっているため、カメラはそこまで重視していないという。だが、調査用となると、0.1mmのひび割れでも観測できる高性能カメラやセンサー、レーザーなど、多くの装置を搭載しなければならない。重量増での安定飛行など、設計力や技術力が問われるわけで、日本製ドローンの商機は、まさにこの「高性能高機能」にあると言っていいだろう。

また、米中摩擦で中国製ドローンへの警戒感が高まっている事情もある。ドローンは最終的にネットワークに接続しなければならない。そのため、情報漏洩などセキュリティの観点から、国産ドローンには大きな期待が寄せられているのだ。

もちろん、本来の目的である「ドローンに何を積んで何をさせるか」も大切だ。調査点検用のほか、島嶼部

にワクチンや薬品を運ぶ運搬用途、さらには人を乗せるエアモビリティ(空飛ぶクルマ)の分野にも可能性が広がるだろう。実際、北川鉄工所ではそうした分野への進出も考えている。

現在、同社のドローンは大規模プラント火災に出動する消火ロボット一式(名称:スクラムフォース)として、千葉県市原市の消防局などに導入されている。航空法の整備を含めてドローン実用化には問題が山積しており、まだ採算が取れるレベルではないという。それでも「空の革命」とも呼ばれるUAVに大きな伸び代を感じ、世界市場を見据えた先行投資と技術開発を行っているというわけだ。

## 大企業は日本の"宝の山"を活かすべき

日本で中小企業といえば「大企業に比べて弱い存在」「経営が大変だ」

「仕事に困っている」といった負のイメージで語られることが多い。

だが、ドイツでミッテルシュタント(中小企業)といえば「業績のいい規模の小さな会社」だし、アメリカではチャレンジャーという位置付けで、プラスのイメージのほうが大きい。

中小企業が「可哀想」という固定観念は、じつは日本の政治家と中小企業自身が生み出したものだ。

一部の政治家は自身の政策の正当性を主張するために「地方」と「中小企業」を対象に選び、彼らが虐げられていると喧伝する。また、当の中小企業は過大な課税から逃れるために、自ら「景気が悪い」と主張し続ける。実態はともかく、両者にとって中小企業は可哀想でなければ「ならない」のだ。

ところが、現実の中小企業はしたたかである。

確かに、バブル崩壊後の30年間は、多くの企業にとって苦難の時代だった。グローバル化やデジタル化、長引くデフレ圧力、賃金20分の1を武器に世界市場に打って出た中国企業の台頭もあった。この長い逆境の中で事業を諦めた企業も少なくない。

だが、生き残った企業にとっては、付加価値をつくり出す能力を鍛え直し、経営の健全性を取り戻す絶好の機会となった。余計な贅肉を削ぎ落とし、技術力や組織力、経営力といった強靭な肉体を手に入れられたからだ。

よい企業は、技術革新を怠らず、常に経営改革や現場改善を重ね、時には大胆な業種転換もいとわない。

PROFILE

中沢 孝夫(なかざわ・たかお)

1944年生まれ。高校卒業後、郵便局勤務を経て45歳で立教大学法学部に入学。兵庫県立大学教授、福井県立大学教授などを歴任。専門は1100社以上の製造業への聞き取り調査をもとにした「ものづくり論」「中小企業論」「人材育成論」。鯖江市の地場産業ブランド化を推進する「鯖江ブランド研究会」主宰。『日本経済新聞』の書評欄も好評を博す。主な著書に『中小企業新時代』(岩波新書)、『グローバル化と中小企業』(筑摩選書)など多数。

北川鉄工所がそうであるように、会社名と中身がまるで異なってきているといったケースが少なくない（比率は減少しつつも、北川鉄工所は今も鋳造事業を継続している）。

当たり前の話だが、現在生き残っている企業は、他社とは異なる特殊な技術や発想を持っているから存続できている。それが今、全国に約357万社もあるのだ。なのに大企業の経営者の中には、日本には「新しい発想がない」「面白い技術がない」と嘆く人がいると聞く。目の前に技術の宝の山があり、これを活かさないのは、極めてもったいないことだと思う。

## ┃日本の強み<br>┃「よいものづくりの思想」

私は、日本のものづくりが持つ強みの一つとして、「よいものづくりの思想」があると思っている。これは日本全体の製造業を根底に支える思想だ。

現場で発展した生産技術の中でも①生産性、②生産リードタイム、③開発リードタイム、④開発工数、⑤不良率、⑥設計品質といった「深層の競争力」は、長らく日本の製造業全体に高い競争優位をもたらしてきた。

この工程内の「よい流れ」は、組み立てを担当するセットメーカーの改善努力だけでは限界がある。部材を供給するサプライヤ側も「よいものづくりの思想」を持ち、「深層の競争力」を発揮しなければ、実現は難しい。

技術史学者の前田裕子氏（神戸大学）が唱えるように、この思想は、江

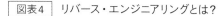

図表4　リバース・エンジニアリングとは？

一般的な製造工程　設計図などをもとに試作を経て製品化するため、時間と手間がかかる

設計図や仕様書　　解析　　試作　　生産　　製品化

リバース・エンジニアリング　完成品を解体、構造分析をすること。コピー製品をつくりやすい

製品化　　生産　　設計図や仕様書　　分析・解析　　形状測定

戸時代末期から明治初期の変革期に、特に醸成されたものであろう。

当時の日本は欧米諸国に追いつくため、国を挙げて機関車や生産機械を購入し、リバース・エンジニアリングに取り組んだ。単なるコピーではなく、オリジナルを凌ぐほどの「よいもの」をつくるために、製品を分解し、構造や部品、技術を解析し、徹底的に研究したのだ。

そして、文明開化の際に花開いたこの思想は、戦後の高度経済成長期でさらに強化されることになる。

戦後の日本の製造業に突きつけられたのは、欧米メーカーを上回るための「品質を維持しながら大量生産を実現する」だった。この難しいミッションの突破口となったのは、やはりリバース・エンジニアリングであった。日本の製造業は欧米の設備や製造装置を使い込んで造詣を深め、ついには「高品質製品の量産化」という離れ業をやってのけた。やがて自動車や家電製品

など、本家を上回る「よいものづくり」に成功する。そこにある先人たちの無数の素晴らしい物語は、書籍やTVドラマなどで描かれている通りである。

私は「日本人は民族としてものづくりに向いている」といった安易な指摘には、にわかには同意しない。

だが、先人たちが数百年の時をかけて蓄積してきた「よいものづくりの思想」は、そう簡単に消えるものではないとも思っている。事実、創業から100年以上経過した多くのメーカーでは今もなお、現場エンジニアたちにその精神が受け継がれている。

それは開発現場などの挑戦を見れば、すぐにわかることだ。会社の稼ぐ力を生み出すのは現場であり、それを構成する人なのだ。

今、現場で何が起きているのか。社員はどう感じているのか。それを知るには、経営者が常に現場に足を運ぶこと。強い「組織能力」を手に入れるには、それしかないのである。●

## ■米国発の最新経営理論が 日本企業に合うとは限らない

2000年代以降、世界の事業環境は大きく変化した。インターネットの登場によって、世界の隅々までさまざまな情報が行き渡るようになり、各国の教育水準は上がった。また、中国経済の台頭によって世界の産業構造は変質し、最近ではパンデミックでサプライチェーンが傷つき、ウクライナ戦争などの地政学リスクが表出した。多くの経営者は、目まぐるしく変わる市場環境への対応に頭を悩ませているはずだ。

こうした転換期の日本では、必ずと言っていいほど「バズワード」が流布する。「インダストリー4.0」、「DX」、最近では「生成AI（チャットGPT）」など、例を挙げればきりがない。

こうした「バズワード」、とりわけ「米国発の最新経営理論」には注意が必要だ。なぜなら、米国発の経営理論はあくまで、「米国にとっての経済合理性を追求する考え方」がベースにあり、日本企業がそのままの形で使えるとは限らないからだ。

そんな中、昨今日本企業を揺るがしているのが「ジョブ型雇用」だろう。

ジョブ型雇用とは、ある特定の職務に適したスキルや経験を持つ人材をピンポイントで採用する雇用形態のことだ。詳細は濱口桂一郎著『ジョブ型雇用社会とは何か』（岩波新書）に詳しいが、以下ではジョブ型雇用と我が国で定着するメンバーシップ型とを

簡単に比較してみよう。ちなみにメンバーシップ型は、戦後の高度経済成長期に日本が編み出した手法であり、戦前は日本もジョブ型雇用が一般的であった。

米国の製造現場の多くは、分業制をベースとしており、従業員はあてがわれた作業をこなせばよい。そのため、企業は契約に基づき職務（ジョブ）を明確に定義し、その職務を遂行するスキルや経験を持った人材を集める。当然、賃金は契約に基づく職務に紐づけられている。一方、職務が特定されていないメンバーシップ型雇用においては契約上、職務（ジョブ）が特定されておらず、したがって、職務に賃金を紐づけることは論理的に難しい（ヒトに賃金を紐づけるしか

戦略のグランドデザインを描けるかが鍵を握る

# 伝統と革新を織り交ぜた
# 21世紀型の組織能力を構築せよ

「盲目的なジョブ型雇用の導入が人材流出を招き、製造業の強みを破壊、組織を空中分解させる」。

そう警鐘を鳴らすのは、公立鳥取環境大学の光山博敏教授だ。

日本の製造業が持つ強みとは何で、それを活かすにはどんな施策が必要か。

今後、企業が目指すべき組織形態や戦略策定の仕方、アジア諸国との付き合い方などを聞いた。

Photo: Kazuhiro Shiraishi　Text: Daisuke Ando

## 光山 博敏

公立鳥取環境大学　経営学部　教授

ない)。たとえば、高賃金の職務から低賃金の職務への移動を命じられた場合、進んで受け入れることが難しくなるといったケースが考えられる。

また、ジョブ型雇用においては、当該事業の撤退時には、雇用契約も解除される。企業にとっては人員整理をしやすく、組織の効率化、機動性が高まる。被雇用者側にとっても「スキルや経験が適切に評価される」、「特定分野の技術を集中的に向上できる」といったメリットがある一方、「いつ解雇されるかわからない」などのリスクも伴う。特に、経営資源に制約のある中小企業によるジョブ型採用については導入しにくい部分はあるだろう。

ジョブ型雇用は分業制の下、モジュラー（組み合わせ）型製品を得意とす

る米国で発達した合理的な考え方と言えるだろう。しかし同時に、よりよい賃金や職場環境を求め、ジョブホッピングが日常的に行われる米国社会では、スキルのある人とない人との間に経済格差が生まれやすい。また、それに伴うさまざまな社会問題が顕

在化するなど、ジョブ型雇用の評価はまだ定まっていないのが実情だ。

さらに言えば、同じジョブ型を採用する欧州各国は米国と異なり、原則長期雇用が土台にある。我が国はこうした違いについても十分留意したうえで制度設計すべきであろう。

---

図表1　メンバーシップ型とジョブ型の特徴

| メンバーシップ型 | ジョブ型 |
|---|---|
| ◆職務が特定されない | ◆職務が雇用契約に明記。必要なポスト（人数）が明確 |
| ◆当該事業の撤退時は他の職務への移動が可能 | ◆当該事業の撤退時に雇用契約も解除 |
| ◆契約で職務が特定されておらず、職務に基づき賃金を決定しづらい | ◆賃金は職務に紐づけ |

## メンバーシップ型が
## 日本で定着していた背景

長期にわたり、メンバーシップ型雇用が定着してきた日本に、ジョブ型雇用を導入するとどうなるのだろうか？まずはメンバーシップ型が定着してきた背景を見てみよう。

我が国のものづくりの現場は、戦後の高度経済成長下で深刻な人手不足に陥ったこともあり、一人二役も三役もこなす、世界でも類を見ない「多能工」が誕生した。一般的に多能工化が進むと他部署（および取引関係にある他社）との調整が増えることで情報や思考の共有が進み、企業ごとに固有の結束が生まれる傾向がある。こうして積み上げられた組織能力が品質や生産性を押し上げ、コスト競争力を強固なものにしてきた。これは我が国の歴史経路の中で偶然もたらされた模倣が極めて難しい固有の強みであり、持ち味とも言える。

藤本隆宏東大名誉教授はこれを「能力構築競争」という概念で説明し、日本の産業競争力に内在するメカニズムを明示するなど、その研究成果は広く世界からも高く評価されてきた。

このように、欧米が分業制、日本は多能工を主軸に、従業員が主体的且つ挑戦意欲をもって業務に邁進してきたことが自動車産業をはじめ、インテグラル（擦り合わせ）型の製品分野で優位性を発揮するに至った理由だ。

こうした背景の下、ジョブ型雇用によってとりわけ懸念されるのが、業務の細分化によるセクショナリズム、い

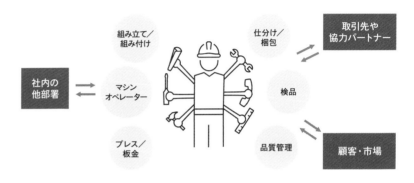

図表2  日本のものづくりの現場を支えてきた多能工

一人で何役もこなす多能工化が進むと、他部署や取引先との調整などによって情報や思考の共有化が行われる。これを積み上げた組織能力が、品質や生産性、競争力の向上につながる。

わゆる組織のサイロ化（タコ壺化）である。これが進むと、部門間や社員間のコミュニケーションの希薄化はもとより、データ自体も縦割り構造内に滞留するといった情報の分断をも生じさせかねない。

仕事がマニュアル化され、分業体制が進むことで、短期的に効率性が多少向上する可能性もあるが、マニュアル志向の蔓延は得てして、従業員の主体性や挑戦意欲を低下させやすい。「自分の仕事さえこなせばお咎めなし」といった具合に各々が振舞うようになれば、日本のものづくり組織は空中分解し、長期的な競争力（差別化に必要な固有性）低下は免れない。

## 現場における「余白」が
## 革新的技術と付加価値を生む

日本製品と言えば、「高品質」、「リーズナブル」といった言葉を連想しないだろうか？　日本の技術者は、

取引先から技術的難題を突きつけられたとき、「いい課題をいただきました」と反応することがある。その背景には、「難しい仕事になればなるほど燃える」、あるいは「高難度技術にチャレンジすればするほど自身の技術力が向上する」、といった日本のエンジニアに共通した固有のものづくり哲学が存在する。こうした背景には、常に世界を見据え、限界に挑戦するための「余白」が存在してきたのだ。

設計技術者と生産技術者は互いの能力に期待し、生産技術者は設計技術者の「想像を超える面白い製品設計」に期待し、設計技術者はどれほど難しい加工技術が必要になろうとも、「最後は何とか具現化してくれる」というように互いを信頼しあい、自由度の高い設計やものづくりを成功させてきた。そこには一定範囲内に収まるこぢんまりとした窮屈さに縛られることなく、設計技術者も生産技術者も常に、「日本初」、「世界初」を意識

しながら、気の遠くなるような試行錯誤を繰り返してきたのだ。

しかし近年、製造装置が飛躍的に進歩し、熟練技能が以前ほど必要なくなっているのも事実だ。

## 日本の製造業の強みは「残り20%」へのこだわり

一方で、短期的には到底埋められない技術もある。製品にもよるが、基本的に日米欧では「不良品」に対する考え方がそれぞれ異なる。詳細は割愛するが、不良率2〜3%、あるいは完璧な製品を100とした場合の完成度が80%程度であれば、余分な労力

撮影協力：栗田工業株式会社 Kurita Innovation Hub

**PROFILE**

光山 博敏（みつやま・ひろとし）

1970年生まれ。立命館大学MOT大学院テクノロジー・マネジメント研究科博士後期課程修了。13年におよぶ米国駐在を経験。福井県立大学、信州大学を経て現職。専門は技術経営、技術戦略、イノベーション戦略。主な著書に『現場力-強い日本企業の秘密-』（共著／ちくま新書）『地方創生のための経営学入門』（共著／今井出版）など多数。

やコストをかけてまで「残り20%」に固執しない海外メーカーは少なくない。ある程度営業努力で売れることを知っているからだ。対する日本は「残り20%」に執念を燃やすという。

ちなみに「残り20%」は、ものづくりに携わったことのある人にしかわからない「果てしなく辛い20%」と言われている。そこまで辛いなら我々もまた、効率性を優先し「残り20%」へのこだわりを捨ててもよさそうだが……。

戦後の欧米市場に、後発の日本製品が割って入るためには「安心・安全」はもとより、「高品質・低価格」の実現が当時は不可欠であった。とりわけ「高品質・大量生産」を実現するには「徹底的な不良撲滅」が必須であった。その際、重要視されたのが、安定した高い品質の「部品」を採用することであった。つまり、「徹底的な不良撲滅」は、完成品メーカーだけでなく部品を供給するサプライヤーにまで浸透するなど、完璧を追求するDNAがこの時期から日本のものづくり哲学に深く刻み込まれていった。多くの組織では、「誰の職域かわからないが、誰かがやらなければならない」という業務の余白やグレーゾーンとうまく折り合いをつけながら、ギリギリの攻防の中で「残り20%」を埋める術を編み出し、世界を圧倒してきた。

デジタル時代ではあるが、日本のものづくり組織はこのような経緯を経て現在につながっている。

ところが、こうした歴史背景や現場の実情に関心の薄い企業は、「業務の余白」を拒絶する。越境的提案や主

体性の発揮はむしろ、分業の妨げになるからだ。そうした現場で働くエンジニアは次第に活力を奪われ、やがて会社に失望し、職を離れる。これは技術流出につながる深刻な問題だ。

もちろん、日本企業の中にも、マニュアル化や分業制のためのジョブ型がしっくりくる業態や組織もあるだろう。しかし、多くの製造業にとっては、長い時間をかけて築き上げてきた組織能力を破壊しかねない危険な賭けであることを、意思決定者は肝に銘じておくべきだろう。

## 「勝ち続ける」ための
## ゲームプランは存在するか？

当然ながら、メンバーシップ型を採用する雇用形態にも欠点はある。人材の流動性が低くなり、既得権益を死守すべく社内の権力闘争が生まれやすい。日本型では年功序列や終身雇用などが時代に即さないなどが指摘されてきたが、害悪の最たるものは「サラリーマン社長」を生み出すことだ。

大鹿靖明著『東芝の悲劇』（幻冬舎）でも描かれている通り、一部の大企業には、経済小説に出てくるような社内政治に没頭し、既得権益にしがみつき、私利私欲で事業を動かす経営者が実在した。後継者争いに絡む画策に明け暮れ、互いを貶め合い、本業や会社のあるべき方向性もそっちのけで企業を買収したり、あるいは出世レースを争う相手に不利な情報をメディアにリークしたり……。

これは特定企業だけの特別な問題

ではない。私自身、耳を疑うような御家騒動を耳にし、また実際に目の当たりにした経験を持つ。彼らにとって社長という役割はあくまで自身のキャリアプランの通過点でしかない。社長在職中は、波風が立たぬよう現状維持経営を目指し、そこを無難にこなせば会長の椅子が待っている。さらに、平穏に任期を全うすれば相談役の地位が約束されているといった具合だ。そのため、時代や環境の変化をよそに、前任者が定めたロードマップをただ踏襲するだけの存在になる。極めつけは伝家の宝刀「先送り」を発動、連発する始末だ。お飾りのような経営者だ。このようなサラリーマン社長には、共通した特徴がある。自社の「戦略」を語れないのだ。

試みに、「御社の経営戦略について簡単に教えてください」と聞いてみるとよい。彼らの口から出てくるのは、決まって「○○年までに××を達成します」「中期経営計画に沿って△△を目指します」といった、計画に過ぎないのである。「戦略」と「計画」は異なる。

戦略とは「30年後の自社はこうあるべきだ」あるいは「100年後の我が社はこうなっている」「最終的に市場で勝利するために、このように進めていく」という、壮大なゲームプランなのだ。

昨今の複雑化する世界情勢やモノの価値、ルールでさえ、ものすごいスピードで変化していることを考えれば、今現在業績が好調であっても、10年後、いや5年後には利益が半減していることも十分起こりうる。

つまり、経営者の使命は、市場環境や時代の潮目が変わろうとも勝ち続けることができるグランドデザインを設計し、戦略ストーリーを描くことである。特に重要なのが、戦略ストーリーを時間の経過とともに適宜アップデートしていくことだ。なぜなら、昨日までの強みが今日には弱みに変わっていることさえあるからだ。

来年、いや来月の世界情勢がどうなっているかわからないのに、30年先など想定できるはずがない。そう思われる人もいるかもしれない。

意思決定の前に重要になるのが、「なぜそれを開発するのか?」「なぜそのような戦略を立てるのか?」というように、それらが「なぜ」の視点に耐えうるロジックが通っているかになる。

東レ株式会社の例を見てみよう。同社の炭素繊維技術は現在、高性能高品質素材として、航空機や衛星、医療、風力発電ブレードなどさまざまな分野で活用されている。しかしながら、東レが炭素繊維の商業生産を始めたのは約50年前の1971年にまでさかのぼる。当初は苦戦を強いられたものの、炭素繊維のポテンシャルを信じ経営陣は投資を継続した。

遠い未来を見据え、信念と勇気をもって投資を続けてきた結果が現在の東レの躍進を支えているのである。

先行き不透明な時代ではあるが、そんな時だからこそ、リーダーが信念をもって方向性を示さなければならない。逆にしっかりとしたゲームプランを示すことができれば、組織は息を吹き返し、世界に類を見ない新しい価値や技術を創造してくれるはずだ。

## グローバル化の本質を見ているか?

今後、自社がどうあるべきかという「戦略」を策定する際、気に留めてほしいのが「グローバル」というキーワードだ。グローバルという言葉には、語源のGlobe(＝地球、世界)が意味するように「境界のない世界」というニュアンスが含まれる。

一昔前、「国際化」(インターナショナル)という表現が頻繁に使われた。インターナショナルは、「国家間の」というニュアンスが含まれ、単位は国であることから、国対国の関係を中心に世界を見る発想、視点であり、日

図表3 「計画」と「戦略」の違い

| 経営計画 | 経営戦略 |
|---|---|
| 「○○年までに××を達成」 | 「30年後、自社はこうあるべき」 |
| 「PBR□□倍を目指す」 | 「市場で勝利するために、こう戦っていく」 |
| 「中期経営計画に沿って△△を目指す」 | 「100年後、○○な企業を目指す」 |

本対外国という二元的発想、世界観であった。国際化がどちらかと言えば「関心のある人は世界とつながりましょう!」なのに対し、グローバル化は半ば、「強制的に変化への対応を迫る」という違いがある。

かつては研究開発を日本で行い、生産は海外工場で行うのが主流だった。しかし近年では、世界の優秀な人材を積極的に採用し、各国の拠点で研究開発を進めていくスタイルが広がりを見せつつある。中でも、ダイキン工業株式会社は、早い段階からグローバルにマザー工場を展開してきただけでなく、2010年以降の研究開発体制のグローバル化は革新的だ。

日本の強みを活かしながら海外の成長市場を積極的に取り込むためには、現地のニーズに合致した機能や仕様の製品開発に加え、競合企業の動きへの対応や戦略立案が欠かせない。つまり、グローバル化には多様な人材を適材適所に配置することはもちろん、経営ボードメンバーにも積極的な登用が期待される時代になった。ハーバード大学の研究チームによれば、均質な(多様性のない)組織とそうでない組織間には、M&AやIPO成功率に優位な差が存在するという。

そこでカギになるのが、アジア各国との連携だ。

## ■アジアの一員として連携し ワンチームで戦っていく

経営者は、現在進行形の海外事情を常にアップデートすることが必須だ。

---

図表4 「国際化」から「グローバル化」へ

日本vs○○という二項対立の発想は古い。
今後は、世界の一部として、変化には"強制的に"に対応させられることになる。

**かつての国際化**
「日本vs外国」「日本vs世界」
という二元的発想

vs

**これからのグローバル化**
「世界の中の日本」「アジアの中の日本」
という世界観

---

とりわけ、現地工場視察にはできるだけじっくり時間をかけ観察することをお勧めする。なぜなら、そこには必ず何らかのヒントが転がっているからだ。

たとえば、タイとベトナムは地理的に近いものの、工場で働く人たちの様子はずいぶん異なる。働き方や所属集団に対する考え方もさまざまだ。一例を挙げると、5S(整理・整頓・清掃・清潔・しつけ)運動に対する感じ方の違いは興味深い。もちろん個人差はあるが、5Sを徹底することで不良率の遥減や生産性向上につながることを直感的に感じとれるベトナム人と、(会社からの指示なので仕方なく)業務として5Sを実践しているタイ人といった具合だ。アジアの中でも印象的だったのが、とある日系メーカーのモンゴル工場でのエピソードだ。

現地エンジニアのA氏と5Sと生産性の話をした際、A氏は「5Sに共感する」と言うので彼のツールキャビネットを見せてもらうと、完璧なまでに整えられた工具を誇らしげに見せてくれ

---

たことがあった。このように、アジアと一口に言っても日本的な感覚が通じ合う国もあればそうでない国や地域もある。アジアは非常に多様なのだ。

日本企業が世界の成長市場で再び輝きを放つためには、技術力や組織能力を主軸に、時間的奥行きのあるグローバル戦略が必要だ。当然、過去の延長線上の発想からの脱却が求められ、非常にチャレンジングなものになるだろう。誤解を恐れずに言えば、こうした発想の大転換には「古株の中高年日本人男性」という同質性の高い組織へのテコ入れが必須となる。業界ごとに濃淡はあるが、組織における多様性の推進スピードが現状のままなら、アジアとの連携はおろかグローバル戦線で戦い続けることは不可能だ。日本は今、アジアの仲間と共に歩む新たな成長フェーズにある。今こそ、伝統と革新を織り交ぜた「21世紀型の組織能力」を発揮すべき時である。日本の製造業のさらなる飛躍は、そうした未来の中にあるはずだ。

場づくり ― 人材育成 ― 一隅を照らす

JMAのミッション①

# 「場づくり」

## 連携して課題解決できる場をつくる

産業界における新たな課題を解決するためには、個社単位ではなく、
産業界全体で取り組む必要が出てきた。JMAでは、そのために必要な「場」を
さまざまな形でつくり、提供している。代表的な３つの事業を紹介する。

Text: Yuki Miyamoto

### 日本のものづくりが世界をリードするために。
### 「日本ものづくり経営サミット」

日本の製造業のエグゼクティブが集い、日本のものづくりが今後世界でどう貢献していくかを議論する場が「日本ものづくり経営サミット（Japan Industrial Management Summit）」だ。

カーボンニュートラル（脱炭素化）への対応、エネルギー問題、ウクライナ問題によるサプライチェーンの混乱など、産業界が抱える問題は近年大きくなりすぎている。これを解決するには個社での取り組みだけでなく、業種・業界を超えて連携・共創していく必要がある。日本ものづくり経営サミットはそのための議論・交流の場として、2023年3月に初開催された。

これまで企業が経営革新に着手するときは、国内外の先進事例を学び、エッセンスを咀嚼して自社の課題解決に活かすというのが一般的なやり方であった。有識者やリーダー企業経営者の講演を受動的に聞く場づくりが大半だった。

ところが近年、産業界における課題はいずれも、かつ

帝国ホテルで開催された第1回「日本ものづくり経営サミット」は、本会、交流会の2部構成で行われた

て誰も経験したことがなく、正解がわからないものになっている。考えながら動き、変化に対応しながら前進するしかない。特に企業のエグゼクティブクラスから、異業種の人材とつながる場、予定調和でなく実論をぶつけあう生々しい議論の場を期待する声が多く聞かれるようになっている。

さらに人材に求められるスキルも、様変わりしている。従来からある入門や基礎となるものは原理原則として身につけてもらいつつ、時流のテーマやトレンドをアプリ

ケーションとして上乗せしていくことが欠かせない。現在でいうと、地政学の問題や、サプライチェーンにおける人権問題なども含めた広い視野で仕事を考えることが必要になっている。

今のような状況下で経営を続けていくためには、企業・業界を越えたつながりから本質的な問題提起をし、連携と共創を前提に解決策を共に考えることが有効な手段のひとつとなる。

第1回目のサミットは半日開催で、日本を代表する企業経営者が登壇したパネルディスカッションをはじめ、「連携と共創」をテーマにした講演会、新たな価値を生み出した企業の経営者による講演などを通じてさまざまな問題提起がなされた。参加者は計157人。うち76%が製造業のエグゼクティブクラスに属するビジネスパーソンだった。2024年3月に開催される第2回サミットでは、会期を2日間に広げ延べ400人の参加者を予定する。グループ討議や参加者同士が意見交換する時間を充実させるほか、懇親会などを通して人脈を強化できる。

JMAでは日本のものづくりが強みを発揮し、豊かな世の中をつくるため、世界でどのような貢献ができるか、実論を軸とした経営者同士の議論の場を創出し続けていく。

## 技術起点で経営を考えるCTOが一堂に会する「日本CTOフォーラム」

Chief Technology Officer（CTO／最高技術責任者）という役職が産業界で広く認知され始めたのは2000年初頭のこと。「経営判断に関わる最高技術責任者」として位置づけられる役職だが、当時は大手製造業の中でも約1割の会社しかCTOに該当する職責が設けられておらず、また、そのミッションも不明確なものだった。そのような状況下において、いち早く日本を代表する企業のCTOが集い、課題や悩みを、ディスカッションを通じて共有し、解決のヒントを得る場として設けられたのが「日本CTOフォーラム」だ。2004年にスタートし、2023年度に18期目を数える。

日本CTOフォーラムの目的は大きく3つある。1つめは「CEOのブレーンとしての『CTO』の役割を認識すること」、2つめは「共通する課題について議論し、解決の端緒を探ること」、3つめは「CTO同士が本音の交流を行うことで、新しいネットワークやムーブメントを生み出すこと」だ。

会期は6月もしくは7月から翌3月までの約10ヵ月間。おもな活動としては、会期の最初と最後（6月もしくは7月と翌3月）に開かれる全体会合のほか、テーマごとに異なる3つの分科会での活動、海外視察ミッションがある。

分科会のテーマは基本的に毎年変わっていく。テーマが先に決まる場合もあれば、各分科会のリーダーが決める場合もある。1年の活動だけでは議論を詰め切れず、より深掘りが必要とされる事案に関しては2年、3年と連続してテーマに設定される。現在開催中の第18期では、「“ひと”と“技術”の交差点（手法・場）をつくる」「サーキュラーエコノミーと技術・研究開発」「研究開発領域における人・働き方の多様性を考える」の3つのテーマで分科会活動が行われている。自身が所属していない分科会にも自由に参加することが可能で、参加者各自の自主性を尊重している。

分科会は会期中に5回の会合を持つ。ときには外部の有識者を交えながら議論を深め、そこで得た知見を最終的には報告書の形で残していく。

海外視察ミッションは、全メンバーが対象。年によって

毎年秋開催の海外視察ミッションでは、テーマに応じて欧州や中国・アジアを訪問（写真は2022年度アイスランドでのDAC〈Direct Air Capture〉施設視察の様子）

異なるが、アジアやヨーロッパにおよそ1週間の日程で渡航する。例えば2015年では世界的に注目されたドイツのインダストリー4.0の活動を視察し、現地でDXを軸とした産業プロセスの最前線を見聞し理解を深めた。

　分科会も海外視察ミッションも、テーマによっては議論の内容を産業界への課題提起として広く公開する傾向が増している。従来はクローズドな形で行われてきた当フォーラムの活動を今後は部分的に情報を開示して、広くオープンに意見交換が行われていくような展開を見据えている。

テクノフロンティアの各ブースでは、動画を活用するなど、各社工夫を凝らして来場者の五感に訴えかける内容の展示を行っている

## 技術のプラットフォームを目指して。「テクノフロンティア」

　「テクノフロンティア(TECHNO-FRONTIER)」は、国内唯一無二のモータ技術を核としたアクチュエーション・パワエレの要素技術、ものづくりDXに代表される生産技術の専門展示会だ。年に一度、東京ビッグサイトで開催され、2023年はエンジニアを中心に約3.5万人のビジネスパーソンを集めた。

　そもそもの始まりは1981年に遡る。JMAではアクチュエーション（機械の動作）の最も重要な部品であるモータ技術について学び合うための技術シンポジウムを開催。その2年後の1983年には、「実際の部品をこの目で見たい」という声に応える形で技術シンポジウムに展示の要素を加え、「小型モータ技術展」を開催した。

　このイベントがテクノフロンティアの前身となり、「モータ技術展」は41回、「EMC・ノイズ対策技術展」は36回、「電源システム展」は38回と、モータ技術から派生するさまざまな技術・製品に関する展示会を続々と立ち上げ、テクノフロンティアは現在の規模まで拡大・"シン"化してきた。テクノフロンティアの特長は技術シンポジウムから始まったカンファレンス機能と、「小型モータ技術展」から始まったトレードショー機能という2つを融合させている点にある。

　出展企業の多くは、部品や機能性材料を取り扱う企業だ。近年、単体の部品の高性能化は各社かなりのところまで努力を重ねているが、そうした部品同士を新しい設計思想で組み合わせてモジュール化すれば、高性能化とは別の角度からの新しい需要を生み出すことが可能だ。例えば、一家に1台の黒電話が1人1台のスマートフォンになったように、いずれは1人1台のパーソナルEV時代が到来するかもしれない。新しい時代を見据えた設計思想を高い視座で創造するには、個社を越えて製品開発できる仕組みが欠かせない。

　テクノフロンティアは現在3日間のリアル展とその後、約1ヵ月のオンライン展で構成されているが、年間を通じた情報収集や技術交流ができるプラットフォームとして成長させていくという構想もある。これが実現すれば、部品や機能性材料を取り扱う企業同士がテーマごとに集い、一緒に長期的なスパンで独自のモジュールを開発していくための場ができる。

　2024年のテクノフロンティアでは、これまで同じ会場で同時開催されていた「インダストリーフロンティア（主にスマート工場に関する展示会）」を吸収する形で、19の展示会を開催する。2023年の出展規模は420社785ブースであったのに対し、2024年は500社900ブースを集める計画だ。

　より横断的にテクノロジーを生み出す企業をバックアップしていける場として、テクノフロンティアはこれからも大きく"シン"化していく。●

Chapter

# 2

## 優れた意思決定で
## 世界を豊かにしていこう

現在、産業界が抱える課題はいずれも、
かつて誰も経験したことがないものになってきている。
ものづくり企業の経営者は、正解のない局面で何をヒントに意思決定をしているのか。
日本を代表する企業の経営者10人に、経営の判断軸について聞いた。

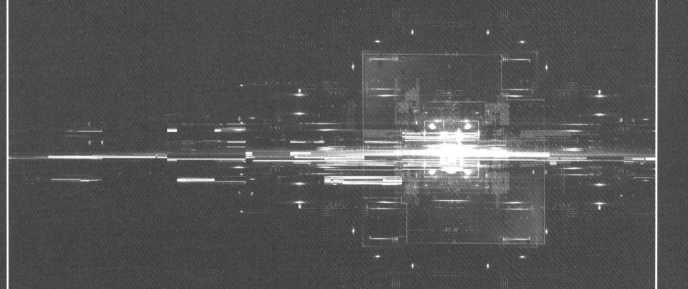

生きた研究開発、事業感覚のある提案をどう育むか

# 研究者のマインドを変えた
# 未来予測とシナリオづくり

「グループ全体の持続的な発展に寄与する、中長期的な基礎研究を続けること」。
それがアサヒグループホールディングス本体の研究部門に課せられた使命だった。だが、実際には短期的な研究に
追われ続ける日々。本来の使命を果たすため、同部門の責任者が出した答えは「独立」だった。
アサヒクオリティーアンドイノベーションズの佐見学氏に、研究部門が独立することの意義について聞いた。

Text: Yoshie Kaneko

## 佐見 学

アサヒグループホールディングス株式会社　執行役員
アサヒクオリティーアンドイノベーションズ株式会社　代表取締役社長

## ■ 基礎研究と商品開発が
## かみ合わず徒労を重ねた日々

時間のかかる基礎研究と目前の課題に取り組む商品開発が、まったくかみ合わない。この状況を何とか打破せねばと熟慮を重ね、出た結論が「研究の原点に立ち返ること」。すなわち、時間がかかってもイノベーティブな研究に取り組み、グループ全体の事業拡大に貢献するということだった。

アサヒビール、アサヒ飲料、アサヒグループ食品などを傘下に持つアサヒグループホールディングスが長年抱えていた課題が、研究開発体制だった。ビール、飲料、食品の各事業会社にはそれぞれ研究開発組織があり、製品を熟知している強みを生かして短期的な商品開発につながる研究を行ってきた。

それとは別に、ホールディングスにも研究開発組織があった。ここはより中長期的な視野で、グループ全体の持続的な発展につながる「基礎的な研究」を行うというミッションを課せられていた。私が長年所属し、責任者でもあった組織である。

しかし、ホールディングスの一部門だったころ、我々研究員が基本的にしていたことといえば、各事業会社の開発部門やマーケティング部門からニーズを聞き出し、それを研究に反映しようと試行錯誤を重ねる、いわば御用聞き。事業会社にある研究開発組織と変わらない短期的な研究に追われる日々だった。

さらに厳しいのは、基礎研究の積み上げはそれなりの成果が出るまで2、3年かかることだ。ようやく成果が出て発注元の部門に報告しても、「計画が変更になったので不要になった」「外部の企業から調達した」などと

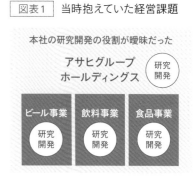

図表1 当時抱えていた経営課題

本社の研究開発の役割が曖昧だった

ビール、飲料、食品の各事業が研究開発部門を持ち、ホールディングスにもR&Dがあった。

言われて苦労が水の泡となる、そんなことを長年繰り返していたというのが実情だったのだ。

我々ホールディングスの研究開発組織はもともと新たなシーズを見つけて新規事業を打ち出そうというグループ上層部の意向を受けて、2000年ごろからR&Dに取り組んでいた。その結果、機能性に関する研究、コンタミ菌の検出装置の研究、ビール酵母による植物活性の研究、サトウキビからエタノールをつくるバイオマスエタノール研究など、いくつかのシーズも生まれた。

中には、アサヒバイオサイクル株式会社のように事業が軌道に乗って独立した会社もあった。しかし、シナジーが出ないと案件化を断念したケースも多い。むしろ事業化の手前のシーズ化にさえ至らない研究が山ほどあった。

グループ全体の発展に貢献するという重要な役割を持ちつつ、そこにつながる本来的な研究が十分にできていないというジレンマがあり、これがアサヒグループ全体のイノベーションを停滞させてしまうという危惧がずっとあったのだ。

## ▌未来で求められる技術を先回りして開発する組織へ

商品開発に資するイノベーションを実現するには、研究員自ら市場の先読みをする必要があると考えていた。自分たちで5年先、10年先の変化を予測し、そのとき求められるであろう技術を先回りして開発する体制がなくてはならない。

そのために最適な組織体制を考えたとき、選択肢の一つが独立会社となることだった。「ホールディングスに留まるべき」とする反対意見も社内にはあった。先述したように事業現場とかみ合わないことが続いて成果が挙げられなかったこともあり、グループ内の期待値が低いのも致し方なかったと思う。

とはいえ、研究開発部門には新卒入社のバイオ研究者が多く、技術力は潜在している。既存事業に直結しないシーズの軽視は、まさにイノベーションのジレンマだ。「研究開発力を最大限に発揮するには意思決定の迅速化が欠かせない。組織として独立したい」と上申したところ、当時のホールディングスの社長（現アサヒグループホールディングス取締役会長の小路明善氏）が賛同してくれて、会社設立の運びとなった。出資は全額ホールディングスが行っている。こうしてできたのが、アサヒクオリティーアンドイノベーションズ株式会社（以下、AQI）である。

## ▌地道に社内で説いてまわり研究者のマインドを改革

独立してまず取り組んだのは、研究テーマの選定だ。どんなテーマを立ち上げ、どこにどれだけの資源を配分するかを1年かけて検討した。

ただ、新たに取り組む研究の芽が出るまで数年かかる。そこで、それまでの20〜30年の研究の蓄積を掘り起こして最新のニーズに合わせて仕立て直し、つなぎの成果とした。

2年目くらいから本命の研究の成果が少しずつ出始める。3年目になると、さらにそのシーズが成長するので、グループ内でアピールできるようになる。そのようにして、段階を踏んで研究実績をアピールした。

同時に社内では研究者のマインドを変えることに取り組んだ。従来型の基礎研究では、研究員はデータを根拠として確実に言えることだけを発表する。不確かなことは絶対に言って

図表2 研究者のマインド改革によって、研究の幅が広がった

従来の研究員
データ重視
わからないことは言わない
●確実に言えることだけ発表
●スピード面で事業会社との間にタイムラグが発生

改革後の研究員
市場調査の勉強
マーケティングの勉強
データ重視
シナリオづくり
未来予測
●未知数の領域を大胆に予想
●未来を想像し、技術をリンクさせる楽しさが生まれた
●思いも寄らない組み合わせで新規事業のシーズが生まれたことも

はならないという教育を長く受けているからだ。

その姿勢はもちろん重要だが、しかしそれこそが事業会社とのタイムラグを生む一因となっている。このマインドを大転換し、ある程度の見通しが得られたら、その時点で展開の仕方を考えよう、大いに先読みしようと社内で説いてまわった。

例えば、アルコール市場の予測をするとしよう。まずは関連する調査や専門家の見解を一通りインプットする。すると「市場は縮小するだろう」という予測が多いことがわかる。となると、その予測はほぼ確定だろう。ただ、その中でどこまでが"決まりきった未来"なのかを見極めることが重要だ。市場が縮小する未来でどんな価値が台頭するか、その可能性を探るわけだ。

一方で、決まりきった未来がわかっていない領域もある。例えばアサヒグループとしてどんな新規事業に取り組めばいいかといったことがそれに当たる。そうした未知数の領域もあることを踏まえて、2種類のアプローチがあるということだ。

そのように説明して、研究員に未来のシナリオを書かせようとした。だが、誰も市場調査やマーケティングの経験がなく、最初は「無理だ」「責任が持てない」などと尻込みする。「とにかくまずやってみよう」と鼓舞するうちに、ぽつぽつと動きが出て、次第に社内が盛り上がっていった。未来を想像し、そこに技術をリンクさせることの面白さに研究員が夢中になっていったわけだ。

**PROFILE**

佐見 学 (さみ・まなぶ)

1964年北海道出身。1989年、アサヒビールに入社。醸造科学研究や研究開発戦略などに従事。2017年執行役員研究開発部門ゼネラルマネジャー、2018年R&Dセンター長などを経て、2019年独立研究子会社としてアサヒクオリティーアンドイノベーションズ株式会社を設立。同社社長に就任し、現職。

## 自分たちで未来を見通す仮説と技術をリンク

専門性の高い詳細な調査は外部へ委託している。ただ、外部のコンサルタントやマーケターは絶対に使わないと決めている。思考や判断が外部任せになってしまうからだ。

市場をどれだけ正確に先読みできるかはわからない。しかし、自分たちなりに未来を見通してR&Dを進めることの重要さをずっと痛感してきた。見通す力がなければ、せっかく新規事業を立ち上げても潰れてしまう。その危機感からシナリオづくりに注力したということだ。

多くのシナリオがつくられ、その中から商品につながりそうなもの、市場規模が見込めそうなものを選定。最終的にアルコール市場、環境、機能

性などの領域別に合計10点ほどのシナリオが完成した。取り掛かりこそ難航したが、ふたを開けてみれば上々の出来栄えで、経営会議で発表したら「どこのコンサルを使ったのか」と聞かれたほどだ。

これらのシナリオからブレークダウンして技術開発の対象を絞っていくので、研究テーマも決めやすくなった。今のところ研究開発テーマは約100にのぼっている。

シナリオは社会の変化や新技術の動向などを踏まえて毎年書き換えている。最初は未来を当てようと狙っていたが、最近は反対に「当てるな。あえて外していこう」と言っている。この不確実性の高い時代、現在の延長線上に未来があるとは限らないし、当てにいったら他社と戦略が同質化してしまうからだ。

図表3　研究投資額を増やすと効率が上がった

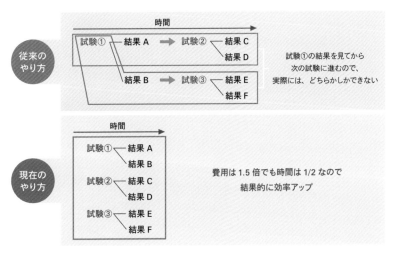

投資額が増えると、試験を同時並行で進められるようになった。すると効率が上がり期間も短縮され、さらに失敗した試験の結果をほかに活かせるなどのメリットも生まれた。

## 投資対成果を挙げ研究スピードを2倍に

　未来を先読みすることの重要性を示すため、私自身、率先して展望を語るよう心掛けた。「この研究テーマが成功したらこんなことができる」「こういう未来を想定している。そこへ向けてこういう技術を打ち出せる」といった具合だ。それをホールディングスの経営会議で話すと「面白い」と評価され、結果として投資額は年々増えていった。設立から4年半経った現在は、当初の約2倍になっている。

　これだけ投資を受けているので、成果として返さなければならないという意識が生まれ、それが研究のモチベーションもかきたてている。独立前と比べると、出てくるデータのスピード

も結果の面白さもまったく違う。一人ひとりの姿勢でこれほど異なるのかと、私自身も驚くほどだ。緊張感が研究の質を高め、ひいてはAQIの業績を引き上げることにつながるだろう。よい循環が生まれているのを感じる。

　予算が増えたことで研究の効率も高まった。例えば、半年くらいかかる試験①を走らせるとする。その結果がAになった場合、今度は試験②を走らせ、その結果を受け、また次の試験へ進む。このように結果が出るのを待って次のフェーズへ行くのが一般的なプロセスだ。これを1年、あるいは数年かけて行う。

　ところが予算があることで、①②③の試験を同時に進められるようになった。結果がAになるかBになるかわからない、ならば両方やろうということだ。

そうすると期間は半分に短縮される。経費は1.5倍しかかかっていない。しかも一見無駄に思える②や③の試験も無駄にならない。やってみると、それだけデータに厚みができるからだ。

　経費は1.5倍で、スピードが2倍になった。タスクを同時に走らせるので現場は忙しくなったが、研究員は張り切ってやっている。

　独立したことで、意思決定も格段に速まった。以前なら決裁に数ヵ月かかっていたことが1週間もかからず決められたり、その場で即決できたりする。ベンチャーや大学との付き合いでは、こうしたスピード感は不可欠だ。

　博士号取得やベンチャー企業への出向を柔軟にできるようにするなど、人事制度も変えた。外部との連携も面倒な手続きはなし。独立企業としての小回りのよさを実感している。

## 「大きな山が動いた」というエキサイティングな感覚

　シナリオに基づいた研究において、まだ大きな新規事業は創出されていない。ただ、手応えはある。

　先日、部下が私のところに持ってきた開発途中の素材が、別の開発でピタリとはまることに気づいた。欠けたピースを埋めるシーズが降ってきたような感じで、「これはいける」と直感した。部下本人は次の商品開発の素材と考えていたが、使い方を変えるだけで即座に使えるという、非常に面白い素材だ。実際、これを使った事業化の動きがグループ全体で始まっている。

研究員が自分たちのシナリオを元にものづくりに挑み、その可能性にグループのみんなが乗ってくる。やり方次第でこういうことが起きるのかと、自分でも新たな発見となった。スモールスタートとなるだろうが、市場の拡大が見込める案件だ。大きな山が動いたというエキサイティングな感覚を味わっている。

## メンバーの腹落ちを促すセンスメイキング理論

人を巻き込むうえで、ものをつくることは重要だ。シナリオを書くことも大切だが、プレゼン資料だけでは人の心は動かせない。実際に手を動かして具体化することで、グループを巻き込む力が生まれ、さらに技術の幅や可能性が広がっていく。

一方で、突破口を開くには先読みの力も必要ということ。シナリオを書くために世の中のことを勉強したことが生きている。頭にある多様な情報が結びついたからこそ、ひらめきが得られたことは間違いない。

独立から4年半、研究の環境もメンバーのマインドも変えるチャレンジに邁進してきた。いつも心にあるのがセンスメイキング理論だ。

この理論の説明で引き合いに出されるのが雪山遭難の話だ。昔、ハンガリー軍の部隊がアルプス山脈で猛吹雪に見舞われて遭難した。右も左もわからない中、隊員たちは絶望し、死を覚悟する。しかし一人の隊員がポケットに地図があるのを見つけ、部隊は気力を

取り戻す。その地図を頼りにもう一度歩き出し、最終的に無事に下山できた。ところが下山後にその地図をよく見たら、アルプス山脈ではなくピレネー山脈の地図だった——というもの。部隊を生還へと導いたのは地図ではなく、「これで助かる」という全員の腹落ちだ。それが再び歩き出す気力の源泉となった。要するに、メンバーが納得することで打開の道が開けるということ。そこでのリーダーの存在は大きい。

これでいこうとリーダーがビジョンを示して、みんながそれに納得することが重要だ。リーダーが先頭に立って、あるいは背中を押して、「そのビジョンが正解かどうか」「本当に成功するのか」といった懐疑や不安を払拭し、メンバーの意欲を引き出す。それが成功の鍵ということだ。

特に基礎研究は先が見えにくい。テーマを決めたらやり抜くよう支えることがマネジメントの一つの役割といえるだろう。その意味で、このセンスメイキング理論は自分のリーダーシップの拠り所ともなっている。

## グローバル版AQIで海外展開のキャズム克服へ

AQIのトップとして、目下の課題は海外の研究部門との連携だ。

ホールディングス傘下のグループ会社は日本、ヨーロッパ、オーストラリア、東南アジアと4つの地域にある。このうち主要拠点は日本、ヨーロッパ、オーストラリアの3つだが、この3拠点の研究員の厚みの差が大きいことが課題となっている。

研究員の数でいうならば、AQI（約120名）を含め日本のグループ全体は約500名。対して、オーストラリアは数十名、ヨーロッパはゼロだ。

海外リージョンと連携しようにも、カウンターパートがいない。マーケティングの人は技術に疎いところがあるし、工場の技術者とは価値観が異なる。研究の話ができないのでは、例えばAQIでつくった研究シーズで商品展開するとなった場合、日本には展開しやすいけれども、その地域では展開しにくいという事態に陥る。

こうした地域間の研究開発の格差を解消するために、グローバル版AQIが求められるのではないかと考えている。

特にヨーロッパにおいて、研究とマーケティングを両輪で回せる人材が必要だ。AQIだけで解決できる問題ではないが、製品が市場に普及するまでのキャズム（溝）を乗り越えるためには、何らかの形で取り組まなければならないだろう。●

---

**リーダーのやるべきこと**

- ☑ ビジョンを示す
- ☑ みんなを納得させる
- ☑ 率先する、あるいは背中を押す
- ☑ メンバーの懐疑や不安を払拭
- ☑ メンバーの意欲を引き出す

社員が成長することで会社も成長する「年輪経営」

# 快適な環境で社員の自発性を促し、ものづくりの好循環を実現

半世紀以上にわたって増収増益、経常利益率10％超という驚異の成長を遂げてきたのが、
国内の寒天市場で圧倒的なシェアを誇る伊那食品工業株式会社だ。
数値的な組織目標は設定しないという同社で重視されるのは、「年輪経営」「ファミリー」「四方よし」と
いった言葉だ。そこから浮かび上がるのは、社員の幸せを第一に考える経営理念である。

Photo: Takafumi Matsumura　Text: Yoshie Kaneko

## 塚越 英弘

伊那食品工業株式会社　代表取締役社長

## ■ 社員ファーストが 個と組織の成長を促す

　当社は、「かんてんぱぱ」のブランドで知られる寒天およびゲル化剤の製造販売を手掛けている。おかげさまで寒天のシェアは国内80％、世界15％に及ぶ。また、半世紀以上にわたって、連続して増収増益、経常利益率10％超えを達成したことでも注目をいただく。ただ、こうした実績は意図して実現したものでなく、社員一丸で努力を積み重ねた末の産物であることを強調しておきたい。

　そもそも我々はシェアや売上などの数値目標は一切掲げていない。当社の社是は「いい会社をつくりましょう」。お客様、社員、協力会社など会社を取り巻くすべての人々に「いい会社」と言ってもらえる、そんな会社であり続けることを目指している。

　私の父である最高顧問（塚越寛）は、社員の幸せを第一に考え、木の年輪のようにゆったりと着実に成長する「年輪経営」を実践してきた。その結果が先のような成果につながっているのだ。

　多くの企業では、事業の目的を売上や利益の追求・最大化に据えている。それとはアプローチの仕方が違うということだ。

　我々は、企業のあるべき姿は社会、人々の幸せを追求することであり、その中で最も重要で身近なことが社員の幸せを追求することだと考えている。だからこそ事業判断は社員を軸に考える。売上や利益の追求は社員を幸福にするための手段でしかない。わかりやすくいえば、売上から給与や福利厚生費を差し引いたものの残りが会社の利益ということになる。

　例えば当社では、昇給や年2回の

図表1　年輪経営とは？

人生はよいときも悪いときもある。
人も会社も、樹木のように少しずつ
確実に成長すればよい、
とする同社の経営哲学

賞与額を毎年必ず増やすことを社員と約束している。コロナ禍では売上が落ちたが、それは社員のせいではないので、その時も給料を上げた。業績次第で収入が左右されるとなると社員は幸せを感じられない。だから業績にかかわらず、給与を増やしているわけだ。

とはいえ、売上が増えずに給料が上がるばかりでは、会社が傾くことは社員も理解している。だから社員自らが売上を増やそうと奮起する。

つまり、社員の幸せを追求することで、結果として社員のモチベーションが上がり、価値創出に向けて創意工夫もするようになるという好循環が生まれるわけだ。社員の成長の上に会社の成長が成り立つ、これが年輪経営の本質である。

## 大事なのは目標達成でなく会社の状態がよくなること

ではその成長をどのように導くか、もう少し具体的に説明してみたい。

一般的には会社が組織目標を数値で設定し、それを部課単位にブレークダウンしていくやり方が主流だろう。しかし、当社は前述の通り、売上や利益といった数値目標は一切設定しない。過去にもつくったことはない。ただ、社員自らが前期を上回る成果を挙げようと奮起する風土があるため、個々の営業担当者や支店レベルで自発的に目標が決められる。そうした個々の努力が積み重なって業績が上がっていくわけだ。

重要なのは、現場が自発的に目標を設定すること。会社がいくら目標を設定しても、それは社員にとって自分事にならない。自分で目標を決めたほうがやりがいを持てるし、社員の幸せにもつながっていく。

もう一つ、目標数値や計画を立てることは一見合理的ではあるものの、先行き不透明な時代ではかえって合理性を欠くのも事実だろう。コロナ禍やロシアのウクライナ侵略のように、何が起きるかわからない時代だ。3〜5年のスパンで計画を立てても、事業環境そのものが覆される可能性がある。そのような計画を立てたところで意味がない。

大事なのは目標を達成することでなく、会社の状態が今よりよくなること。形骸化しかねない計画を掲げるより、実績を積み上げる形のほうが、事業環境が変化しても柔軟な方向転換が可能となる。それも我々が組織の数値目標をつくらない理由だ。

## 環境が快適であればこそものづくりに魂がこもる

さらにいうと、我々は年功序列と終身雇用を維持している。これも多くの会社に驚かれる点だ。

当社では社員を家族と捉え、"伊那食ファミリー"と呼んでいる。家族のような組織では、成果主義より年功序列のほうがしっくりくる。年配の社員は体力やITスキルではハンデがあるかもしれないが、知恵やノウハウ、人脈がある。そうした「長老」の力も生かしながら、部課長は「兄」や「姉」として「子ども」である部下の面倒を見る。それが伊那食ファミリーの姿だ。

家族なので人事評価もない。能力の差はあるが、それが給与に反映されることもほとんどない。そういうと、「頑張っている人が腐るのでは」「怠け

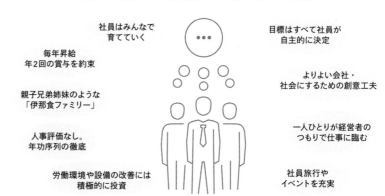

図表2　社員が「自分と会社の幸せの両立」を自主的に考える組織

社員の幸せを第一に考え続けた結果、離職率1%未満で、
全社員が自主的に仕事を開拓していく現在の組織になった。

社員はみんなで育てていく

目標はすべて社員が自主的に決定

毎年昇給
年2回の賞与を約束

よりよい会社・社会にするための創意工夫

親子兄弟姉妹のような
「伊那食ファミリー」

人事評価なし。
年功序列の徹底

一人ひとりが経営者のつもりで仕事に臨む

労働環境や設備の改善には積極的に投資

社員旅行やイベントを充実

る人がますます怠けるのでは」と心配されるが、そんなことはない。40年間怠けきるのはかえって大変で、周りが働いていると自分も働こうと思う、日本人ならではの同調圧力がいい方向に発揮される。多様な人種、文化が混在する欧米ではこうはいかないかもしれない。

気持ちよく働けるとあって、毎年30名ほどを新卒採用しているが、離職率は1%にも満たない。社員を選ぶときも、学歴や能力ではなく、人柄を重視する。お互い一緒にいて楽しいか、相性が合うかが大事。能力は入社してから養えばよい。

「こういう仕事がしたい」というより、「ここの社員でいたい」という人が多いのも当社の特徴だろう。例えば、研究室で働く女性が結婚して、相手の都合で長野市で暮らすことになり、本社に通えなくなった。そこで本人の希望で研究職から長野市のショップのスタッフに転籍し、活躍している。そういう人は少なくない。

成果主義やジョブ型雇用を否定しているわけではない。互いに競争し合って能力を高め合う組織を目指すのであれば成果主義が合うだろう。

ただ、当社の判断軸は、あくまで社員の幸せや職場の快適さの追求にあるということ。社員が気持ちよく、安心して働ける環境の整備こそ経営者の役割と心得て、昇給や設備投資を行っている。環境が快適であればこそ、ものづくりに魂がこもる。

人を大切にするのは、昔の日本では当たり前のことだった。当社が特別

なのではなく、多くの日本企業がそれを忘れているだけ。欧米のよい点は見習いつつ、日本人が本来持っていた仕事観をいま一度見直す時期に来ているのではないだろうか。

## ■「四方よし」の発想やBtoC事業を開発に生かす

長いスパンで見るのは、社員の成長のみならず商品開発についても同じだ。売れるか売れないかという目先の数値でラインナップを決めず、トレンドも追いかけない。市場規模を推し量るといったマーケティングもほとんどしない。

では何が判断基準になるかというと、「自分たちがいいと思うもの」だ。そもそも商売の起点は、自分がいいと思うものを他の人にも使ってもらいたいという利他的な思いであるはず。そこにマーケティングは存在しない。我々はその初心の気持ちを持ち続けているだけだ。社員が短期的なトレンドに即した商品を提案したとしても、本当に世の中に必要なものか、自分たちが本当に欲しいと思うかどうかで判断する。必要でないものはいずれ消えるので、そういうものはつくらない。

当社の考え方の基本の一つが「売り手よし」「買い手よし」「世間よし」「将来よし」を示す「四方よし」だ。また、二宮尊徳の提唱した「遠きをはかる者は富み　近くをはかる者は貧す」という言葉も大切にしている。目先のことにとらわれず、長いスパンで未来を見つめ、そこから現在に立ち返ってできることを積み重ねる。

図表3　会社を支える「四方よし」の精神

近江商人の「三方よし」に、二宮尊徳の「遠きをはかる者は富み」を加え、長期スパンで物事を捉えている。

そんな視点が研究開発に生かされ、さらに事業構想力へとつながっていく。急激な成長でなく、末広がりの形でだんだんよくなっていくのもまた、年輪経営の一つの姿といえる。

今日より明日がよくなる、つまり希望が持てる状態が「将来よし」だが、そう思えない企業が日本に多いことも想像できる。原料価格の高騰や人手不足、市場のシュリンクなど、探せば不安の種は尽きないだろう。ただ、そこにばかり目を向けても仕方がない。肝心なのは、「これからよくなっていく」と人の気持ちが前向きになれることではないか。

幸い当社は原材料メーカーであり、売上が落ちた場合は他の領域に広げることができる。例えば寒天事業は、かんてんぱぱのような最終商品は全体の3〜4割で、残りは業務用が占める。業務用途は今は菓子業界が中心

図表4　社員だけでなく、家族や地域も大切にする活動

### かんてんぱぱガーデン

敷地内にレストランやカフェ、美術館、特産品店、多目的ホールを設置し、地域住民に開放。近隣住民や観光客の憩いの場になっている。

### かんてんぱぱ祭

年に1回、社員の家族や地域住民を招いて行われる感謝祭。社員が露店を開き、食事や飲み物を振る舞う。ステージなどイベントも社員が開催。

### 水汲み場の開放

敷地内に、中央アルプスの伏流水を汲み上げる水汲み場があり、地域住民や観光客に開放している。おいしい水をたくさん汲めると好評。

### 自社で歩道橋を設置

東西に分かれたかんてんぱぱガーデンの間には、交通量の多い広域農道が通っており、地域住民も利用可能な歩道橋を自社で設置した。

### 市道の拡張

北丘工場に隣接する市道を自社の費用で拡張、市に寄付。また猪ノ沢事業所の開発では歩道設置や信号機、道路の舗装費用も負担した。

### 毎朝の清掃活動

社員は毎朝、敷地内と近隣の清掃を開始。落ち葉掃きから枝木の剪定まで行う。社員は「自宅を清掃するようなもの」と語っていた。

だが、惣菜メーカーの取り扱いも増えてきた。さらに別市場への参入の余地もある。現に、さまざまな業界から相談を持ち掛けられている。

さまざまなお客様とコンタクトを取り、話をうかがうことで開発のヒントが得られる。それを元に社員みんなで議論しながら開発を進めていく。原材料メーカーとして、多方面に展開できる強みを生かしていきたい。

一方で、かんてんぱぱというBtoCの事業を持っていること、すなわち最終ユーザーであるお客様と接点を持っていることも、BtoBの事業によい影響をもたらしている。

寒天商品はオンラインの通信販売もあるが、電話での注文も多い。電話注文を受けるコールセンターの回線がいっぱいになると、本社に回ってくる仕組みにしているので、本社の社員は全員、電話での受注ができる。研究室のメンバーも年に数回、電話での受注を受ける機会をつくっている。さらに、研究室も工場も含めた全社員にレストラ

ンで接客を経験してもらっている。

お客様とじかに触れあうことで、自分たちが誰に向けて、どのような価値を提供しているかを肌で感じ取ることができる。これはBtoC事業があるからこそできることだ。

マーケティング然としたマーケティングはしないが、お客様と接することがマーケティングにつながっているわけだ。なかには電話対応した社員と懇意になり、わざわざ会いに来てくださるお客様もいる。対応マニュアルは設けておらず、お客様が要望することを自分の判断でやるのが基本。商売といえども普通の人間関係と同じで、その場に応じて誠心誠意対応するのが我々のやり方だ。

## 社員の自主性を促す
## 企業の働きかけとは

ビジネス界はなぜか生活と仕事を切り分けがちだ。ワークライフバランスという言葉はまさにそんな発想を示して

いる。しかし、そこにいるのは同じ一人の人間であって、本来は切り分けるべきでない。そんな観点から、当社では会社のイベントでもオフィシャルとプライベートが混然一体となることが多い。

例えば、年1回の「かんてんぱぱ祭」がそうだ。本社・工場周辺の庭園「かんてんぱぱガーデン」に地域の方々も招き、例年大賑わいとなる。全社員が手づくりで屋台を運営するのだが、家族を呼んで一緒に会場を回る人もいれば、ビール片手に屋台に立つ人もいる。コロナの影響で今年4年ぶりに開催することができた。

社員旅行も4年ぶりの開催となった。これは社員のみが参加する毎年恒例の一大イベントだが、単なる福利厚生に留まらない機能がある。

旅先は国内と海外で1年おきに変わる。国内旅行は2泊3日で、旅費は全額会社が負担。海外旅行は4泊5〜6日で、旅費の約3分の2を会社が負担する。各部署から数名ずつ集めて30〜40名の班とし、これを14

～15班つくる。家庭の事情で家を長く空けられない人向けの短期日程の班では、ホテルをグレードアップする。ちなみに2023年は海外旅行があまりに高いので北海道や沖縄など国内で4泊の旅行にした。

社員旅行のルールは一つだけ、旅行中に班の全員で集まって食事を一度するというもの。それさえ守れば、あとはすべて自由行動でよい。会社のお金で遊べるということで、みんな社員旅行を心待ちにしている。

社員が600人ともなると面識のないメンバーも当然いるが、一緒の班になって移動や食事を共にすることでつながりができる。これが部署を超えたコミュニケーションとなり、仕事にプラスの影響を与える。

また、参加者には自分たちで旅行プランを考えてもらう。これも仕掛けの一つだ。ゴルフ、釣り、食べ歩きなど、テーマ別に有志で楽しんでもいいし、個人行動を楽しんでもいいが、いずれにせよ限られたお金や時間をどう使うかをみんな真剣に考え、自然発生的にミーティングが始まる。これも非常に大事で、社員同士が課題を共有して自発的に検討する習慣づけになるわけだ。

多くの企業で社員旅行をやめているのは、みんなが行きたがらないからだろう。決まったメンバーで、決まったことをやるだけでは楽しくない。自分たちが楽しくなれる状況をつくり、言われなくてもやるようにお膳立てをするのが、人材育成の要諦の一つといえる。要は、社員旅行は福利厚生でもあり、

重要な研修の場でもあるということだ。

とはいえ、時代を追うごとに社員の価値観は多様化している。何が社員の幸せになるかを、昔のように一律に決めることはできなくなってきた。社員旅行で短期日程の班をつくったのも今年が初めてで、今後はこうした多層的な目配りがいっそう求められることになるだろう。

商品開発でも同じことがいえる。お客様の好みが多様化しているので、我々がいいと思うことが実はそうではないかもしれない。方法論としては、先述したように現場でお客様と接することが鍵になる。後はその吸い上げ方をどうするか、さらに洗練させていきたいと考えている。

## ■ 判断軸がぶれないからこそ「大丈夫、なんとかなる」

私の座右の銘を聞かれれば、「大丈夫、なんとかなる」だろうか。ほとんど私の口癖といってもよい。

世界に目を転じれば、あるいは歴史を振り返れば、過酷な状況が数えきれないほどある。戦時下で軍の師団長を務めるなら部下の命を預かるわけだ。その判断の重みに比べれば、現代の日本で経営の指揮を執ることの壁は低い。「大丈夫」という言葉が自然と出てくる。ただし、それは判断軸がきちんと決まっていて、ぶれないことが大前提だ。裏を返せば、経営が大変という声があるということは、判断軸がぶれているのではないだろうか。判断軸をしっかり決めて、そこからぶれなければ迷うこともない。ありがたいことに、当社には最高顧問がつくってくれた判断軸があり、私もその正しさを信じている。時代が変わっても人間の本質は変わらない。したがって人間の幸せを追求する当社の経営の基本もまた、揺るがないということだ。●

**PROFILE**

塚越 英弘（つかこし・ひでひろ）

1965年生まれ。長野県伊那市出身。1990年、CKD株式会社に入社。1997年伊那食品工業に入社し、購買部長などを担当。2005年専務取締役、2016年副社長を歴任後、2019年より代表取締役社長に就任。現最高顧問塚越寛よりバトンを受け継ぐ。現職。同社は2007年グッドカンパニー大賞グランプリ、2018年日本でいちばん大切にしたい会社中小企業庁長官賞などを受賞。農園事業、清酒事業、園芸事業なども手がける。

# 開発と購買・調達を一体化させたから見えてきたこと

# 製品を起点にサービスまで考える「シン・ものづくり」

パンデミックや地政学リスクで世界中のサプライチェーンが寸断され、多くの企業が困難に陥った。
そんな中、大日本印刷株式会社（以下、DNP）は早期に半導体を確保。工場を止めずに生産を続けていた。
この購買・調達の体制を整えたのは常務取締役の三宅徹氏だった。同氏にサプライチェーンの考え方や
DNPとして目指す新たな製造業の姿「シン・ものづくり」について聞いた。

Photo: Kazuhiro Shiraishi　Text: Yusuke Higashi

## 三宅 徹

大日本印刷株式会社　常務取締役

## ■ 印刷技術を応用・発展させてトップシェア製品を開発

　デジタル化が進み、新聞、雑誌、広告などに代表される紙メディアの印刷が減り続けるなか、当社は創業以来培ってきた印刷技術を、建材やエレクトロニクスなどさまざまな分野に応用、発展させ、事業分野を発展させてきた。

　一例はリチウムイオン電池用「バッテリーパウチ」だ。これまで用いられてきた缶に比べてパウチはより軽く柔らかく、電池設計の自由度も上がるのがメリットだ。EVに搭載されるリチウムイオン電池用パウチでは90％以上のマーケットシェアを獲得している。同様に有機ELディスプレイを製造するための「メタルマスク」もトップシェ

アだ。当社はブラウン管カラーテレビ用「シャドウマスク」の量産に日本で初めて成功した会社でもある。薄い鉄板に穴が空いた形状の部材だが、これを深化させたものが「メタルマスク」にあたる。

　我々にあるのは、自分たちが蓄積してきた技術に対する誇りだ。技術の追求が止まることはなく、技術を深めることでさらによいものができるという確信がある。大切にしているのはもう一つ、顧客企業からの信頼だ。「DNPならやってくれる」と期待していただいたからには、お客様と協働しながら何としてもやり遂げる。そのような積み重ねで信頼関係を強固にしてきた。国内外のトップシェア製品はその成果だ。

　「正解がない時代」とよく語られる。ものづくりも同様だが、ものが世から消えることはない。ものづくりの技術を磨けばトップシェア製品が生まれる、これも間違いのないことだ。た

図表1　「第三の創業」の実現を目指す

| 創業 | 1876（明治9）年 出版印刷の会社として創業 |
| 第二の創業 | 戦後復興期 包装や建材、電子部品など事業領域拡大 |
| 第三の創業 | 現在 「新しい価値」を創り出す会社へ |

だしお客様から頼まれるのを待っているわけにはいかない。お客様もまた正解を知らないからだ。我々自身もマーケットを分析しながら、いち早く提案する必要がある。

## 受注型から提案型に転換 「第三の創業」実現へ

この自ら「新しい価値」を創り出す会社になることを当社は「第三の創業」と呼んでいる。印刷技術を広げてきたこれまでは「第二の創業」期。これからは自ら社会課題を見つめ、「未来のあたりまえ」をつくり出していく。すなわち、受注型から提案型のビジネスへの転換だ。多くの企業が同様のことを口にするが、すべての企業ができることではない。ではなぜ、我々にはできるのか。

理由の一つは、お客様との強い信頼関係のためだろう。お客様のビジネスに深く入り込むことで、お客様のニーズを先取りできる。これも国内トップシェア製品であるICカードを例にあげよう。当社はICカードをつくるだけでなく、カードにユーザー情報を書き込む作業や、ユーザー宛に発送する作業も担っている。つまりBPO（ビジネス・プロセス・アウトソーシング）だ。それも単なるアウトソーシングではない、「オプティマイジング」（最適化）を加えることでお客様には「自社でやるよりDNPに任せるのがよい」と思っていただいている。チラシなどの広告媒体も深化の余地がある。これまでチラシを配ってもその宣伝効果が不明瞭だった。そこで我々は電子チラシをつくり効果測定を行うなど新たな展開を試みている。

もう一つの理由は、お客様が多いことだ。例えば、同業種のA社、B社、C社とお付き合いし、それぞれのニーズをよく聞いていると「世の中はこちらの方向に動く」ということがわかる。ならば、そのような未来に求められる製品を、先取りして提案すればいい。

複数のお客様からの声を吸い上げ、分析し、新たな提案につなげる動きを担うのは、各事業部にいる「事業企画」だ。事業企画は本社にも置かれ、各事業部の事業企画に横串を通す役割を果たしている。最近になり事業部間の連携はよりスムーズになった。社長が、グループ内のそれぞれの強みをかけ合わせて相乗効果を生み出す「オールDNP」を推進しているためだ。これまでジョブローテーションに積極的でなかった当社だが、現在は事業部門のトップになる前に、他部署を経験することがあたりまえになった。

## コロナ禍の未知 購買の覚悟と使命

私自身は6年前に購買本部に異動

---

図表2 | 9つの事業部が顧客の声を吸い上げ、本部で統合する

取引先など数万社の声を本社の「事業企画」が統合。未来に求められる製品を予測・先取りし、新たな提案につなげる。

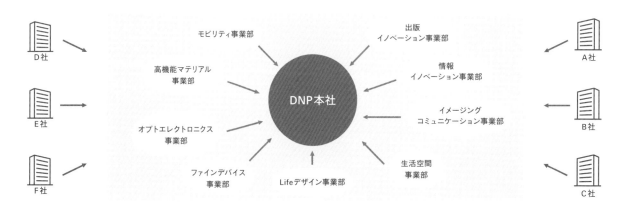

してきた。当時の購買本部は「工場から言われたものをそのまま買う」機能だった。「この材料を何トン買ってくれ」と言われたら納期通りにできるだけ安く買えばよかった。それをより戦略的な購買に変えるのが私に課せられたミッションだった。

戦略的な購買とはどういうことか。例えば、研究所が定めたレシピに従うかたちで、やむを得ず扱いづらい材料でものをつくらなくてはならない工場があったり、小さい会社から材料を仕入れていたらその会社が潰れてしまって、仕入れに困ったケースもしばしばあった。これでは同じ製品をつくり続けることができず、BCP上非常に問題がある。そこで購買が製品の開発設計の段階から入り込み、製品化までの流れを担保する「開発購買」の試みが始まった。

例えば、中国の環境規制が厳しくなった影響で、染料が手に入らなくなったことがある。こうした事態が予想される場合は、必要に応じてサプライチェーンを複線化する、在庫を積むなどの策を講じる。

コロナ禍に際してもさまざまなことが起きた。2020年2月の時点では「暖かくなればコロナは終息する」という予測から、「コロナ禍は最長で7月まで」との説があった。これをふまえ主要材料の在庫を6ヵ月分確保しようと2月のうちに手配した。前もって手配が必要な半導体については、3月までに翌年度に必要な半導体を確保したおかげで、自動車業界が「半導体が手に入らず自動車をつくれない」苦境

にあっても、同じ半導体を用いる当社のICカードの工場は止まらなかった。

多くの在庫を抱えることに対し社内からは批判の声もあがった。だが、私は社長と全役員の前で「在庫を持たないと工場が止まるかもしれないから了承してほしい」と強く訴えた。また「どうしても手に入らない材料もあるかもしれない。ついては事業部で優先順位を決めてほしい」とも言った。最悪、当社が手に入らなくても競合が手に入れられるならそれでいい、お客様には競合から調達してもらえばいいからだ。

繰り返すが、当社はお客様の信頼が第一であり、一度信頼を失ったら二度と発注が来ない。我々はお客様の仕事を守らなければならない。だからこそ、早めに在庫を確保する。

それが無理なら競合から調達してもらえるのかを確認するために競合の

サプライチェーンを調べることまで行った。サプライヤーから「材料が入らない」という声があがれば、川上のサプライヤーまで乗り込んだ。

## ■ サプライチェーンで製品が選ばれる時代の到来

パンデミックだけがサプライチェーンリスクではない。周知の通り、現在さまざまなサプライチェーンリスクへの対応が求められている。

これまで価格と性能で決まっていた価値に、サプライチェーンにおける環境対応や人権尊重などのCSR対応などが加味されるようになった。購買本部も、それらを踏まえてものを調達し、最終製品ができあがるまでのプロセスを担保しなければならない。そんな背景から、昔は各事業部に置かれていた購買機能が、今は本社機能とし

て一つにまとめられている。どの事業部が何を欲していて何を買っているのか、またサプライチェーンにおける人権尊重や環境対応なども、購買本部が管理する体制となった。

サプライチェーンリスクへの対応のため、専門部署が購買本部内に立ち上がった。サプライヤー・リレーションシップ・マネジメント（SRM）というチームだ。サプライヤーに対しアンケートを行うなどして、サプライチェーンリスクに関する取り組み状況や起こりうるリスクなどを把握、分析している。何か問題が起こりそうなら、専門チームが乗り込み、解決にあたる。

全般的に、日本はサプライチェーンリスクへの対応が遅れていると言わざるを得ない。一方早いのは米国や欧州だ。我々の製品が米国、欧州にも流れていくことを考えると対応を急ぐ必要がある。例えば、某グローバル企業からは「これとこれは紛争鉱物だ

から使うな」などとすぐに飛んでくる。同じ企業からは世界各国で規制が進んでいるPFAS（有機フッ素化合物）を2025年までに全廃するよう要求されてもいる。となると、今のうちに代替品を開発しておこう、という話になる。

現在、消費者は店頭に並んでいる最終製品を見てものを買っている。だが今後は、サプライチェーンでものを選ぶ時代が来ると、私は考えている。

サプライチェーンの出口のところで、著名なメーカーが「人権侵害はない」と主張しても、その製品に用いられている材料のメーカーで人権侵害が起きていたら「二度とこの製品は買わない」という消費者が現れるだろう。となると、サプライチェーンの入口から出口まで全域を調査しないわけにはいかない。

当社自身が「有害物質は使わない」「人権侵害もない」ことを約束するのはもちろんのこと、サプライチェーンの川上や川下についてもしっかり調査して

いることがわかれば消費者にも「DNPが含まれるサプライチェーンなら大丈夫」と安心してもらえる。このような価値をもたらすサプライチェーンのことを、私は「バリューチェーン」と呼ぶ。

これからはバリューチェーンを築く時代だ。社内でもバリューチェーン構築に向けた動きが始まっている。牽引役はサステナビリティ推進委員会だ。社長自らが委員長を務める。この委員会の役割は環境・社会・経済の中長期的なリスクを管理することだが、その中にサプライチェーンリスクも含まれる。具体的には、仕入先、得意先を含めて、サプライチェーン全体を評価するのが主な活動だ。例えば流通業であれば「生産者の顔が見えると安心」であり、野菜などが高く売れる傾向がある。こうしたバリューを我々のサプライチェーンから生み出す方法を考えていきたい。すなわち、BtoBのお客様、ひいては消費者の皆様に安心していただけるサプライチェーンをつくるということだ。

## もの起点にサービスも発想する「シン・ものづくり」

私は、新たな付加価値を生み出すこれからのものづくりを「シン・ものづくり」と表現している。

10年ほど前のことだが、MIT（マサチューセッツ工科大学）の教授に「日本人は『こんな技術があるから、こんな製品をつくろう』と考えるが、アメリカ人は違う」と言われた。技術があるからといって勝てるとは限らない。か

**図表3　サプライチェーンのリスク管理も一元化**

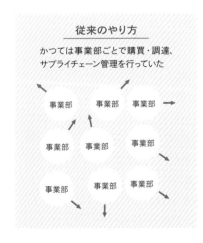

従来のやり方

かつては事業部ごとで購買・調達、サプライチェーン管理を行っていた

事業部

現在のやり方

購買本部にSRMグループを設置。購買調達はもちろん、環境対応や人権尊重なども管理

購買本部
SRMグループ
（Supplier Relationship Management）

事業部

図表4 「もの」と「こと」を同時に生み出す「シン・ものづくり」

製品をつくって終わりではなく、それを起点にどんな付加価値が生まれ、人々の生活がどう変わるかまで想像しながらつくる。それが「シン・ものづくり」だ。

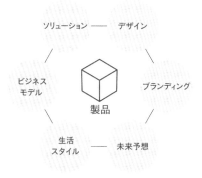

ソリューション ── デザイン
ビジネスモデル　　　　ブランディング
製品
生活スタイル ── 未来予想

つて、ビデオカセットの規格でVHSとベータマックスが争い、技術的に勝っていたはずのベータマックスが敗れたのがいい例だと。そして、その技術、その製品が生まれたあとの世界がどうなるのかを考えて、「美味しい」ビジネスを生み出すのがアメリカ人だと。

日本は長らくものづくりにこだわり、「ものづくり立国」が掲げられた。次の段階では「ことづくり」が掲げられた。つまりサービスだ。だが、ものとことを切り離すと、ものづくりの人間はものしかつくらず、ことづくりの人間はサービスのことばかりを考えがちで、ものとことがつながらない。

当社とて例外ではない。よくいえば、いいものをつくることにこだわりがある。例えば、5G通信は電波の直進性が高いため、部屋の隅や建物の陰など、電波が届きにくい場所がある。そ

こで当社は電波を反射する「リフレクトアレイ」を開発した。

だが、考えてみれば、リフレクトアレイを部屋のどこに設置したらいいのか等をコンサルティングするビジネスもあり得るのだ。ビジネスというものはものを売ったところで終わりではない。ものによって生活はどう変わるのか、ものを起点にしてどんなサービスが必要とされるのか等、そこまでを考えるのが、これからのものづくりではないか。それを従来のまま「ことづくり」と言ってしまっては、ものづくりの人間は変わらない。ものづくりの人間も含めて変わらなければという願いを込めての、「シン・ものづくり」なのだ。

## ソリューションやデザインも連鎖させるものづくり

こうしたシン・ものづくりの実現のため、必要なのは複数の会社を巻き込んだ「知のサプライチェーン」だと私は考える。ものをつくって次のプロセスに渡して終わりとせず、ソリューションやデザインなどの「知」も連鎖させることができれば、望ましい世界の実現が一歩近づくのではないか。印刷技術（Printing Technology）と情報技術（Information Technology）を掛け合わせて独自の強みを発揮する「P&Iイノベーション」を標榜し、ものに限らず多くのソリューションも手掛けるDNPなら、その動きをリードできる。

私が意識しているアメリカ企業の一つに3Mがある。3Mが扱う商材「ウインドウフィルム」が、東日本大震災

後の日本でヒットした。電力不足の影響で省エネ・節電が叫ばれていたことから、ガラス窓に貼ると熱を遮り、部屋を涼しくするウインドウフィルムが注目された。

実は、当社も同様のフィルムをつくった。3Mの製品より性能はよく、安かったが、売れなかった。なぜか。

3Mは日本市場に参入するさい、ウインドウフィルムを誰が貼るのかを調べた。消費者が自分で貼るとフィルムと窓の隙間に気泡が入るため、工務店が貼るのが通常だった。そこで3Mがつくったのが「3M会」だ。今では工務店の8割が参加している。3M会では、気泡の入らない貼り方を工務店に教えている。結果として、工務店は3Mのフィルムを優先的に消費者に勧めるようになった。ホームセンターにいけば、3M製よりはるかに安い他社製フィルムが買えるが、それは消費者が自ら貼るしかなく、気泡が入るリスクがある。そのため消費者は割高であっても工務店に依頼し、3M製のフィルムを購入することになる。素晴らしい「シン・ものづくり」である。

同じことを日本企業がまねしようと思っても、すぐには難しいかもしれない。あくまで自分の得意なものづくり領域で戦おうとする風土が、日本企業にはある。だが、それが日本企業の強みであることも、また事実だ。当社は、強みである印刷技術と情報技術を起点に、顧客やサプライヤーなどと連携して知のサプライチェーンを広げていくことにより、「シン・ものづくり」を拡大していきたい。

世界シェア1位を誇る部品メーカーの強さの秘密

# 顧客価値を最大化するために
# 技術者の「楽しさ」を引き出す

機械の直線運動部に使われる「LMガイド」は世界シェア1位。

THK株式会社は技術力と課題解決力で成長を遂げたグローバル・ニッチ・カンパニーだ。

今なお成長を続け、シェアを拡大し続けている強さの秘訣とは?

代表取締役会長CEOの寺町彰博氏に意思決定の要諦について聞いた。

Photo: Kazuhiro Shiraishi　Text: Daisuke Ando

## 寺町 彰博

THK株式会社　代表取締役会長CEO

## ■ グローバルニッチとして
## 人材を確保するために

当社はいわゆるグローバル・ニッチ・カンパニーだ。工作機械や医療機器、航空機のシート、半導体製造装置などさまざまな機械の部品を手掛けている。なかでも主力商品は、独自技術を使った「LM（リニア・モーション）ガイド」だ。レールとボールの動きを使って直線運動をスムーズにし、大きな重量の負荷に耐えられる。おかげさまで、LMガイドは世界シェア1位を獲得している。

海外展開を始めたのは、創業から10年後の1981年。業界の中でも比較的早いほうだと思う。米国シカゴを皮切りにヨーロッパ諸国、1989年には中国と台湾に進出し販売。1990年代後半には生産拠点も海外に移し始めた。

現在、海外の生産拠点は世界13ヵ国25ヵ所にある。社員はグループ全体の60%が海外の人で、日本人は残りの40%ほど。売上も65%が海外向けとなっている。

創業者で父でもある寺町博から私が経営を引き継いだのは1997年。当時からアジア勢の猛追を痛感していた。

多くの日系企業が海外に技術移転をした。日本にもないような最新設備を持ち込んで、現地の人材を採用して稼働させた。だが、技術レベルが思うように上がらず、宝の持ち腐れのようなところがあった。当社でも2010年頃まで、現地で調達する材料はとても使えるものではなかった。

ところが今は違う。もう技術レベルは日本と同等と言っていい。彼らはこの20年間、真摯に仕事に打ち込み、知識を貯め、技能に習熟した。特殊鋼などの製造も手慣れたものだ。中国に限らず、韓国やタイ、ベトナムでも

図表1　抱えている経営課題

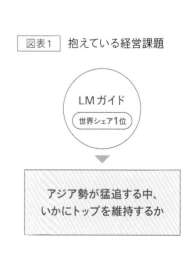

LMガイド

世界シェア1位

アジア勢が猛追する中、
いかにトップを維持するか

同様のことが起きている。近年はインドの成長も目覚ましい。インドのマーケットはまだ小さいが、これから大きくなることを見込んで、当社でも2年ほど前に現地工場を設立した。今、少しずつ育てている状況だ。

このように、新たな市場が拓けていくなか、あまたの競合メーカーの中で世界トップを維持するにはどうすればいいのか。

大切なのは、やはり人材の確保だろう。とはいえ、海外で通用する優秀な人材を確保するために何が必要か。評価制度や給与体系は大事だ。これからは一芸に秀でた人をきちんと評価し処遇する仕組みを社内につくる必要もある。だが、それだけでは足りない。こと技術者に関して言えば、「楽しく働けること」が重要だと思っている。

個人で、あるいは複数人で集まって、ああでもない、こうでもないと試行錯誤を繰り返す。やがて誰も考えなかったような新しいものを生み出す。そしてそれが世の中を変えていく。技術者にとってはこれが最高の喜びだ。そういう環境を社内に用意できるかが人材確保の鍵になる。

## ┃ 新しいことを試さないのが
## ┃ 一番もったいない

何を隠そう、当社の主力製品である「LMガイド」もそうやって生まれたものだ。1971年当時、機械設備の中で直線運動を担うのは「リニアブッシュ」という技術だった。優れた技術だが、許容荷重が少ないという問題があった。そこで父は、直線運動部で発生する摩擦を軽減する技術を開発。改良を重ねて「ボールスプライン」をつくり、翌年さらに改良した「LMガイド」を世に出した。

このように当社の基盤は「創造」にある。社員には「新しいことにどんどん挑戦しなさい」と伝えている。新しい技術やアイデアがあるのに「失敗したらどうしよう」とためらって試さないことが、一番もったいない。

新技術の開発・販売にまつわる笑い話で、こういうものがある。

営業「お客さんはこの新技術を面白いと言ってくれるのですが、なかなか採用してくれません」

上司「なぜだろう?」

営業「実績がないからです。実績ができたらまた来てと言われました」

上司「実績があるということは、他社がすでに使っているわけで、それじゃ新技術にならないじゃないか」

時としてクオリティを"重視しすぎる"日本の悪弊を皮肉った話だ。品質は確かに重要だが、新しい技術や製品が最初から高い品質を備えていることはない。重要なのは「どれだけのスピードで修正できるか」なのだ。

特に今はデジタル化が進み、データ収集が簡単になった。AIが分析まで手伝ってくれる。社員には「目新しいことは失敗して当然。市場から怒られて改良してよくなっていくのだから」と伝えている。

## ┃ 現場で生の声を聞き
## ┃ 肌で感じることが大事

このように思うのは、私自身が現場主義の人間だからだろう。先代もそうだったが、私も足で稼ぐタイプだ。世

**PROFILE**

寺町 彰博(てらまち・あきひろ)

1951年東京都生まれ。1974年株式会社大隈鐵工所(現オークマ株式会社)を経て、1975年THK株式会社に入社。1977年甲府工場長に就任。1982年取締役業務部長、社長室長を経て1986年大東製機株式会社(現THKインテックス)取締役に。1994年THK株式会社取締役副社長、大東製機代表取締役社長、1997年THK代表取締役社長を経て、2024年THK代表取締役会長CEOに。現職。2008年社団法人日本工作機器工業会(現一般社団法人日本工作機器工業会)会長に就任。2003年フランス国家功労勲章、2017年藍綬褒章を受章。

界中を飛び回って、情報を集めなが
ら世の中の流れがどうなっているかを
考える。

72歳になった今も、世界中の工場
を見て回らずにはおれない。2023年
は12回、月に1回のペースで渡航し
た。工場を見て回るのはもちろん、
お客様の声を直に聞き、展示会など
でも多くの方々とお会いしている。

経営者として、自分の目で確かめ、
腹落ちしてから「判断」したいという
思いがあるからだ。

2023年のWBC（ワールド・ベース
ボール・クラシック）で、4社しかない
グローバルスポンサーの1社になった
ときもそうだった。

ニューヨーク・ヤンキースやロサン
ゼルス・エンゼルスのホームグラウンド
に広告看板を出している関係で、
MLBの幹部とはよくお会いしていた。
過去大会のときは、選手保護やシー
ズン開幕時期の関係からWBCへの
参加に消極的なチームが多かった。
だが2023年は「これまでと違う」とい
う感覚を得ていた。

アメリカを挙げて優勝を狙う機運が
あり、多くのチームが選手の出場を
バックアップしていた。さらに、大谷
翔平選手の大活躍もあって日本国内
でも注目が集まり、日本代表の下馬評
も高い。総合的に判断して、今回は
大規模な広告出資を決めた。

侍ジャパンの劇的な優勝もあって、
効果は抜群だった。試合のたびに自
社の看板が大きく映されることで社員
は喜び、取引先やお客様からは「見
ましたよ」とたくさんお声掛けいただ

図表2　今は第3次産業革命の真っ只中にある

—第1次—　蒸気と化石燃料　→　—第2次—　電気　→　—第3次—　コンピュータと
ネットワーク化、AI

———— 工場の革命も避けられない ————

機械化　→　自動化　→　無人化

工場の作業者、オペレーターはいずれロボットやシステムに置き換わる。

けた。もし私がアメリカの現場を見て
いなかったら、「スポンサーはやめてお
け」という判断をしていただろう。

## 第3次産業革命の今、技術者が直面する課題とは？

今、世界中の現場を回っていて感
じるのは、第3次産業革命の真っ只
中にいるということだ。

第1次産業革命は蒸気と化石燃料
の登場。第2次は電気。そして第3
次はコンピュータとネットワーク化だ。
現在はここにAIが加わりつつある。
人によっては、コンピュータ、インター
ネット、AIの登場をそれぞれ第3次、
第4次、第5次とし、今を第6次とす
る考え方もあるが、蒸気や化石燃料
の時代も数十年単位で試行錯誤や行
きつ戻りつを繰り返して「本物の産業
革命」になった。コンピュータとネット
ワーク化、AIの3つは一括りで捉えて
いいと思う。

この第3次産業革命にあって、今

後、間違いなく進んでいくのは「機械
化→自動化→無人化」だ。工場の作
業者、オペレーターはいずれ、ロボット
やシステムに置き換わる。

とはいえ、技術者が不要になるか
といえば、そんなことはない。次の3
つのプロに分かれていくだろう。

一つは「プロの職人」。例えば、技
能工と呼ばれる刃物を使って削る人。
ロボットやコンピュータ、AIが参入し
てきても、人間にしかできない領域は
まだ多い。

次に「商品化のプロ」。プロの職人
がつくる新製品は、こだわりが強く、
そのままでは収益化が難しく、どうし
ても価格が高くなる。そこでより多く
の人が手に取れるように、代替材料
を使ったり、組み合わせを変えたり、
創意工夫を凝らし、近いものをつくり
上げるためのレシピをつくる必要があ
る。それができる人材は欠かせない。

最後に「生産技術のプロ」。試作を
大量生産するために知恵を絞る役割
だ。原価計算をしたり、製造ラインを

調整したり、実際にものづくりをしていくための仕組みを考えられる人材は活躍していく。

このように、技術者はどの役割で力を発揮したいのかを考えながら、キャリアを築いていく必要があるだろう。

どのプロも面白いが、私はとりわけ「商品化のプロ」が好きだ。テレビ番組で、コンビニやチェーン店の開発部の人たちが普通の材料や電子レンジを使って料理をつくり、一流シェフに食べてもらうという企画がある。300円とか500円の安い価格で提供できるように知恵を絞りながら、原材料を変えたり、配合を変えたり、火加減を調整したりして料理をつくる。それで「美味しい」と唸らせる。満点を取るとみんなでボロボロと涙を流し、負けて落選しても涙を流す。見ていて心を動かされる。

普段から一流シェフは高価な材料を使い、手間隙をかけ、唯一無二の料理をつくる。これは本当に素晴らしい。だが、世界中の誰もが食べられるものではない。より多くの人たちが手にできるように、誰かが商品化の工夫をしなければならないのだ。

職人・商品化・生産技術の3つは、そのどれかが欠けても、よいものづくりは成立しない。3者がうまく連携する仕組みが理想的だ。

## ▍THKの社名に込められた本当の意味と想い

我々はBtoBのビジネスを展開しているが、エンドユーザーの生の声に直接触れることを重視している。そのために役立っているのがデジタル化だ。

2020年、当社では製造業向けIoTソリューションサービス「OMNIedge」を開始した。これは、工場を自動化したときの課題である「チョコ停」を防止する仕組みだ。チョコ停とは、一部の小さなトラブルが全体に波及してラインすべてが停止すること。自動化が進めば進むほど、小さなトラブルが大きな問題になる。だから予兆保全が欠かせない。

部品にセンサをつけて現在の状態を数値化し、小さな不具合の予兆でも検知できる仕組みをつくった。通常、こうしたシステムは機械の開発段階から組み込まなければならないが、OMNIedgeは、現在稼働しているラインに後付けできるのが特徴だ。回転物や刃物、モーターポンプ、当社の部品以外にも取り付けられる。

以前は、当社のお客様は製造機械メーカーまでだった。その先のエンドユーザーの感想は間接的に吸い上げるしかなかった。ところが、OMNIedgeをはじめたことで、最終利用者と接点ができ、彼らが感じる使用感や不具合に直接触れられるようになった。これが大きかった。エンドユーザーの声を直接聞くことで、開発や設計、改良の精度とスピードがはるかに上がっていることを感じている。

当社がものづくり企業のDXを始めたと話すと、「デジタルに移行するのは大変では?」とよく心配される。実際、世界的に見てもIoTやスマートファクトリー、インダストリー4.0など新しい概念が次々と生まれ、目まぐるしい。

図表3 今後、技術者は3つのプロに分かれていく

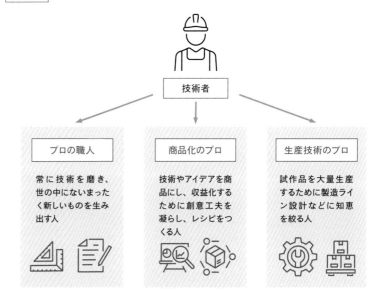

技術者

| プロの職人 | 商品化のプロ | 生産技術のプロ |
|---|---|---|
| 常に技術を磨き、世の中にないまったく新しいものを生み出す人 | 技術やアイデアを商品にし、収益化するために創意工夫を凝らし、レシピをつくる人 | 試作品を大量生産するために製造ライン設計などに知恵を絞る人 |

だが、私たちはそれほど苦労を感じていない。当社はかねてから、製品提供がゴールではなく、納品した製品が期待通り機能して、エンドユーザーが成果を挙げることを最終ゴールとしてきた。そこには設計提案や生産活動のサポート、アフターフォローも含まれている。

じつは、THKという社名にはこの思いが込められている。この3文字の英字は、創業時の社名「東邦精工株式会社」の頭文字であると同時に、タフネス（T）、ハイクオリティ（H）、ノウハウ（K）の3つの頭文字でもある。

2022年、私たちは自分たちの業態をものづくりを基調としたサービス業と規定し、「ものづくりサービス業」への転換を掲げた。産業の基幹部品を提供する企業として、あらためて基本姿勢を宣言したつもりだ。

## 押し付けずに共存する
## リーダーシップが鍵

よく「日本の国民性はものづくりに向いている」と言われる。実際、世界のさまざまな国や地域の現場を見渡したとき、日本の長所として感じるのは「勤勉さ」と「均質性」だ。これが日本のものづくりとして大きな利点になっているのは間違いない。

中国や韓国には日本に近いものも感じるが、アメリカやヨーロッパはかなり異なる。世界には多種多様な人がいて、考え方も違う。それぞれの地域に独自のよさがあり、それを無視して「日本のやり方はこうだ」と押し付けることは絶対にやってはいけない。

我々が海外企業を買収し、現地で買収先の幹部や社員に会うことがあると、彼らは「自社がどのように創業したか」「どんな事業展開をしてきたか」を熱心に説明してくる。日本では買収した瞬間、自社の歴史が親会社の歴史と同化してしまうが、海外企業は違う。「長い歴史の中で今はたまたまTHKが親会社だけど、10年後はわからない」という姿勢なのだ。

各地域・各企業にはそれぞれの歴史や文化があり、それらと共存し、活かしていく方法を考える必要がある。

若い頃、私はここを勘違いして、大きな失敗をした。THKに入社して2年目に、私は26歳で工場長になった。部下の部長や課長はみんな年上だったが、当時の私は「工場で働く誰よりも仕事をして頑張っている」という自負があった。しかしながら、ボーナス査定の時に、自分は部下よりも頑張っていたから、いい評価をもらえると思っていたが、私に対する評価は非常に厳しいものだった。

そこで彼らと私の能力の違いを証明したいということで、管理職試験を受けて部下と競争をしてしまった。だが、これが大失敗だった。上司と部下の間で、どちらがより優れているかという不毛な競争だけが生まれ、何もいいことは生まれなかった。

この経験があるから、幹部向け研修ではいつも「部下と競争するな」と伝えている。いいことなど一つもない。もし上司が負ければ組織は崩壊するし、勝っても「上司なのだから勝って当たり前」と言われるのが関の山。むしろ部下たちの心は離れていく。

これはグローバルにビジネスを展開するときにも通じる話だ。

当社も今は日本に本社があるが、いつか海外支社から「日本はたいしたことがない。日本に本社がある理由は何だ？」と問われる日が来るかもしれない。そのとき、彼らに力を誇示したり、彼らと競ったりするのではなく、共存し、納得してもらうにはどうすればいいか。リーダーシップを発揮していくために、日本はどういう存在を目指すべきなのか。それを常に考え続けている。❶

| 図表4 | THKの社名に込められた思い |

| | |
|---|---|
| T oughness | 頑丈で長持ちする製品をお客様にお届けする |
| H igh-quality | 世界最高品質の製品でなければならない |
| K now-how | ノウハウを活かしてお客様の役に立つ製品をつくる。また、お客様のノウハウづくりにも貢献する |

# 「100年に一度の大変革期」に生き残るために
# 「環境」と「安心」を判断軸に
# 事業ポートフォリオの入れ替えに着手

電動化に自動運転、カーシェアリング……。自動車業界は「100年に一度の大変革期」を迎えている。
そんな中、内燃機関の事業整理とメーカーへの供給責任という、相反する課題を抱えるデンソーは
2020年に経営方針を大きく転換。これまで未着手だった事業の売却・買収に乗り出した。
そこにどんな意思決定があったのか。代表取締役副社長の松井靖氏に聞いた。

Photo: Kazuhiro Shiraishi　Text: Yusuke Higashi

## 松井 靖

株式会社デンソー　代表取締役副社長

## 持続的成長のため
## これまでとは違う手段

　自動車業界は「100年に一度の大変革期」といわれる。電動化、自動化、コネクティッド、シェアリング等の技術革新が進み、自動車そのものが大きく変わりつつある。

　こうした環境下、自動車部品メーカーは「事業ポートフォリオの入れ替え」という課題に直面している。歴史的にデンソーは事業の売却・買収をあまりしてこなかった企業だ。どちらかというと自前主義で、右肩上がりの成長を前提に手の内化を進めてきた。だが、これからは違う。内燃機関の減少が見込まれる今、内燃機関に関連する事業を残しつつ、電動化や自動運転技術に莫大な投資をするのは負担が大きい。持続的成長のためには、やめる製品・続ける事業を決める必要がある。

　もっとも、自動車メーカーへの供給責任を考えれば、目指すべきは「ソフトランディング」だ。事業をスパッとやめるのではなく少しずつ縮小すること。そして、よりふさわしいプレイヤーに事業を譲渡することだ。これなら自動車メーカーへの安定供給を維持できる。具体的には実績のある同業他社に譲渡するのがお客様の理解を得やすい。昨日まで当社のコンペティターだったプレイヤーだが、自動車部品メーカーとしての供給責任を果たすため、協調したい。ユーザーが困らないよう、自動車の寿命が尽きるまで供給責任を果たす。そのために自動車部品業界としてどうするべきかを考え、一つ高い視点で譲渡先を探す必要がある。

　点火プラグ・排ガスセンサー事業を日本特殊陶業株式会社（以下、日特陶）に譲渡するのもそうした考えから

図表1　自動車部品メーカーが抱える課題

電動化・自動化など技術革新を背景に

内燃機関などの事業整理

相反

自動車メーカーへの供給責任

2つのバランスをどうとるか？

だ。点火プラグの国内シェアでいえば日特陶はデンソーより上。技術もしっかりしている。「供給責任を果たしながら残存者利益を狙う」という経営方針も明快。両者ウィンウィンの譲渡ができた。

## 事業譲渡のタイミング
## 判断基準は「経営理念」

加えて譲渡するタイミングも重要だ。赤字化してからでは譲渡を受けてもらえない。収益が上がっているうちに譲渡するのがポイントであり、そのためには「まだ売れるから、儲かるから」といって手放すべき事業にしがみついてはいけない。

そのとき、事業を手放す・手放さないの判断基準となるのは「企業理念」だ。デンソーは「環境」と「安心」を掲げ、カーボンニュートラルに資する電動化と自動運転にリソーセスをシフトする。この理念に合わない事業は、ふさわしいプレイヤーに譲渡する方針だ。

その第一弾として、日特陶への点火プラグ・排ガスセンサー事業譲渡だった。携帯電話販売・代理店事業も、ビックカメラに譲渡することが決まっている。

一方で、現金を溜め込んでも仕方がない。現在のデンソーにない事業の買収を検討する。また事業を譲渡しても技術者は残るため、彼らのリカレント教育も進める。事業ポートフォリオの入れ替えを行いつつ、リソースを流動化し、必要な事業にシフトすること。当社にとって、今最重要の課題はこれだ。

## $CO_2$排出量と交通事故死の
## 「ゼロ」を目指す

前述のようにデンソーはこれまで事業の買収・売却をしてこなかった。それだけに、今回の方針転換は社内的にも大きなインパクトがある。

従来の自動車業界は「右肩上がり」が前提だった。生産台数は増え続け、

それに伴い電子部品の装着率も上がり続けた。こうした環境下では、いいものをたくさんつくり、正しい時間に届ければ、自動車部品メーカーは成長できた。年度計画や中期計画を立てる際も「何を一ついくらでつくり、誰に何個売り、いくら儲かるか」を考えればよかった。しかし右肩上がりの前提は崩れ、事業ポートフォリオの入れ替えも進む。これを受けて、当社は「パーパス経営」に転換した。2020年のことだ。すなわち企業理念として自社の存在意義を明確にし、その実現のために事業を行う経営である。

「『環境』と『安心』に資する製品をつくる」という経営理念を掲げたのも、そのときだ。すなわち$CO_2$排出量と交通事故死をゼロにすること。この理念の実現のために何をするべきか、どんな製品をどれだけ売ればいいのかを考える。このように、常に理念から議論を始めるのがパーパス経営のありかただ。すると「内燃機関製品は$CO_2$削減に寄与しないから譲渡しよう」といった議論が、自然に発生するようになる。

パーパス経営を社員に浸透させるため、考え方をわかりやすく整理した。最初に「地球に、社会に、すべての人に、笑顔広がる未来を届けたい。」というスローガンがある。そのために「環境」と「安心」を提供する製品で社会に貢献し、ステークホルダーの「共感」を得たい。これを2030年の目指す姿とした。また2025年中期計画では、2030年までの道筋を具体的に描いた。

| 図表2 | デンソーの主な事業売却とM&A |

| 事業売却 | | M&Aなど | |
|---|---|---|---|
| 内燃機関のスパークプラグ | ▶ 日本特殊陶業株式会社に譲渡 | カーナビなどを手がける富士通テン株式会社 | ▶ 子会社化 |
| 内燃機関の排気センサー | ▶ 日本特殊陶業株式会社に譲渡 | 半導体メーカールネサスエレクトロニクス株式会社 | ▶ 出資 |
| フューエルポンプ事業 | ▶ 愛三工業株式会社に譲渡 | 自動運転の開発米 Uber ATG | ▶ 出資 |
| UAVによる橋梁点検サービス事業 | ▶ 株式会社WorldLinkおよび株式会社AileLinXに譲渡 | TSMCの子会社JASM株式会社 | ▶ 出資 |
| 株式会社TDモバイル | ▶ 株式会社ラネットの新設子会社に譲渡 | 施設園芸事業社蘭 セルトングループ | ▶ 全株式取得 |

結果として、パーパス経営の浸透という点ではかなりの手応えを得られた。端的にいって従業員一人ひとりの行動や発言が変わった。「何をいくらで売るか」を出発点に議論していた頃は、管理部門から事業譲渡を提言しても、事業部門からは「まだ売れる、まだ儲かる」と返ってきたものだ。それが今は事業部門から「この事業は理念にそぐわない。○○にシフトするべきだ」などと提案される。常に理念から議論をスタートさせるパーパス経営が腹落ちしている証拠だ。

なおパーパス経営への転換にともないKPIも変わった。以前であれば売上、利益、売上高利益率、投資回収期間などを財務面での目標KPIとしてきたが、今はROIC（投下資本利益率）やIRR（内部収益率）などを加えて、事業の効率性を追求している。$CO_2$の削減量にもKPIを設定した。削減量を金額換算し、「$CO_2$削減に貢献するなら収益につながっている」とみなす。

## 「価格転嫁」を推し進め 価格と賃金の好循環を生む

社外を巻き込む動きとしては、原材料やエネルギー価格の上昇などによるコスト増をふまえ、適正な「価格転嫁」を進めていきたい。これまで自動車業界は価格転嫁に慎重だったが、「そうあるべき」とする追い風は吹いている。そのほかの自動車業界固有の商習慣を含め、変えるべきときが来ていると思う。さもないと、業界を維持できないからだ。

例えば半導体産業には自動車業界の常識は通用しない。コロナ禍直後からの半導体不足は、産業界全体でみれば次第に解消していった。だが、最後まで「半導体が届かないから製品がつくれない」状況にあったのは自動車業界だけだった。

私個人の仮説だが、これも自動車業界固有の商習慣のためではないか。異常に厳しい検査基準、車両の生産終了後も10年間続く部品供給義務、在庫はサプライヤーが持つ等々。価格転嫁ができない問題もそうだ。他産業が値上げするなか、自動車産業では毎年値下げを求められる。半導体産業にとって自動車向けの半導体の優先度が下がるのも致し方ない。

こうした事態に直面し、自動車業界もようやく価格転嫁に動き始めた。私自身、自動車業界のピラミッド構造に配慮してこれまで言わなかったことも、決算発表の場などで発言するようにしている。それが業界のためにな

ると信じているからだ。

適正な価格転嫁を進めることで企業の収益が上がり、賃金を上げられる。賃金が上がれば、また製品価格を上げやすくなる。こうした正の循環を業界として生み出さないといけない。コロナ禍後、好決算を発表したのも、価格転嫁に成功した企業ではなかったか。それは自動車部品メーカーも同様だ。価格転嫁できたか・できないかで決算に大きな影響が出ている。この先価格転嫁を進めないと満足に仕入れもできなくなるだろう。今声をあげて、自動車業界を変えないといけない。それが社会からの要請でもあるはずだ。

社内向けに、価格転嫁についての理解を促す活動も私自身が行っている。営業部門も事業部門も100%価格転嫁するよう説明している。以前は「言えません」「（コスト上昇分の）半分じゃないと」などと躊躇していた従業員もこの2年で大きく変わった。ダメ

図表3 社内に「目的」を浸透させたら、社員の行動が変わった

**2030年長期ビジョン スローガン**

「地球に、社会に、すべての人に、笑顔広がる未来を届けたい。」

社員一人ひとりの発言や行動に変化

| 事業の方向性 | KPI設定 | 事業の整理 | 社内会議 |
|---|---|---|---|
| 「まだ売れる、まだ儲かる」 | 財務面での数字を重視 | 撤退や譲渡は暗い気持ちになる | 儲かるのかどうかに終始しがち |
| 「理念にそぐわないからやめよう」 | $CO_2$削減もKPIに導入 | 目的に合っていれば前向きにできる | 笑顔広がる未来につながるかどうかで判断 |

なものはダメだと言えるようになった。これも正の循環を回すための努力だ。

## OEM間の壁をまたぎ「標準化」の担い手に

大切なのは、これまで当たり前としていたことを変え、産業界における自分たちのポジションを正しく認識することだと思う。自動車業界固有の常識を疑わなければならない。「100年に一度の大変革期」においては、半導体メーカーに限らず、過去付き合いがなかった異業種との協調が始まる。自動車業界の常識が通用しないことがままあるだろう。そのとき、「これまで通り」にこだわっていては、生き残れない。

また、デンソーだけ、トヨタグループだけの努力で達成できるものでもない。場合によっては国を巻き込む動きにもなり得る。

例えば自動運転にしても「高速道路に自動運転車専用レーンを設ける」話が進んでいるようだが、中国でも欧米でももっと早くに着手している。行政との連携は重要だ。

OEM（Original Equipment Manufacturer＝自動車業界における完成車メーカー）をまたいだ「標準化」も必要だと私は考える。例えば各種のアプリを動かすプラットフォームとなる車載OSを協調領域にできないか。現在は各社異なるプラットフォームを開発しているため、コストがかさみ、アプリを各プラットフォームにチューニングする手間も生じている。

同じグループであるトヨタとダイハツ

### PROFILE

松井 靖（まつい・やすし）

1964年静岡県生まれ。1987年日本電装株式会社（現デンソー）に入社。カーエアコンやバスエアコンの事業企画などを担当したのち、デンソー・チェコ事務統括やEHV企画室長などを歴任。2014年常務役員、2019年経営役員を経て、2020年Chief Financial Officer（CFO）に。2021年Chief Risk Officer、同年6月取締役・経営役員を経て、2023年6月代表取締役副社長に就任。現職。社長補佐、CFO、経営戦略本部担当、日本グループ会社統括、北米地域、中国地域担当も兼任。

なら同じプラットフォームにするのは容易い。一方、トヨタ、ホンダ、日産が同じプラットフォームを使うよう足並みを揃えられるかというと、現状では難しいだろう。この壁を乗り越えられる者がいるとしたら、OEM自身ではなく我々Tier1（第1次協力メーカー）ではないか。これまでのようにすべて競争しようという考えではなく、競争領域と協調領域を分けて、ベースの部分では協調しようという考えでいくべきだ。

例えば、プラットフォームは協調領域とし、無駄なコストをかけるのはやめるようTier1からOEMに働きかける。それができたらOEMをまたいだ標準化が実現するかもしれない。

データセンターをTier1が持つ未来もありえる。現在、車両をディーラーに持ち込まずともソフトウェアを書き換えられる技術としてOTA（Over The Air）があるが、これを利用するには自動車メーカーが自前のデータセンターを持たないといけない。これもTier1が持ち、各OEMはデータを提

供するだけでいい仕組みを整えることができたら、OEMのコスト負担は軽くなり、我々のビジネスモデルは大きく変わる。とはいえ、当社はメカもソフトも手掛けてきた会社であり、未知の領域ではない。今後、メカからソフトへのシフトが、経営の鍵になるのは間違いない。現に、2023年6月に就任した林新之助新社長はソフトウェアの出身である。

## 「EVかFCVか」ではなくどちらにも対応できる体制を

自動車部品メーカーの合従連衡も、さらに進むと思われる。これは2010年前後からの持論だ。

当時はTier1の間で企業分割が流行っていた。コングロマリット・ディスカウントに陥っていたために、成長領域に経営資源を集中させるべきとの考えからだ。スウェーデンのオートリブという会社は、自動運転部門を分社化、ヴィオニアという会社が誕生した。米国のデ

ルファイも、本体は自動運転に注力しつつ、自動運転部門を分社化した。要するにドメインが絞り込まれ、自動運転の専業メーカーがいくつも誕生した。

ところが現在は自動車の電動化と自動化が同時に進んでいる。またガソリン車の自動運転と、電動車の自動運転は異なるべきとする仮説もあり、ニッチなサブシステムの専業メーカーではカバーしきれない。これでは自動車メーカーに提供できる付加価値は小さくなる。

さらにいえば、電動化も自動運転も開発には膨大な費用がかかるため、会社としての規模も必要になる。となると、サブシステムをすべて提供でき、開発費を確保できる大きなメーカーでないと生き残れない。したがって、自動車部品メーカーは合従連衡するしかないと、私は考えた。その予想はある程度的中した。合従連衡が進み、それができない企業の淘汰も進んだ。

そもそも、ガソリン車に取って代わるのが電気自動車なのか、水素自動車なのか、という問いの答えも出ていない。水素は究極なエコカーだと思うが、EVに比べるとインフラ整備含めて課題が多い。少なくとも今後10～15年は状況が変わらないだろう。その間も、普及が進むのが純粋に電気のみで走るバッテリー式EVなのか、ハイブリッドなのか、プラグインハイブリッドなのか、定かではない。

そこでわれわれはどうするのか。トヨタのような大きな会社であれば「マルチパスウェイ」戦略がとれる。BEVもハイブリッドもプラグインハイブリッドも水素自動車もと、すべての環境対応車の開発・販売を進められる。将来的に環境対応車の正解が見えたところで絞り込めばいい。

だがトヨタほど規模が大きくない会社、環境対応車の開発が遅れている会社は、経営資源を一点集中せざるを得ないだろう。一般的には選択と集中が必要ではないか。「そんな賭けはできない」というなら「BEVでもハイブリッドでもプラグインハイブリッドでも、どちらに進んでもよい」といえる経営をするしかあるまい。例えば当社が扱う装置に、直流と交流を切り替えてモーターを制御する「インバーター」がある。機能の一部を抜き差しできるようにし、BEV用でもハイブリッド用でも同じラインで流せるようにしておけば「どちらに進んでもよい」といえるはずだ。これも「標準化」である。選択と集中はできない、マルチパスウェイ戦略もとれない場合の、一つの解だと思う。

## ■ プライオリタイズ・アンド・フォーカス

個人的に、意思決定においては「優先順位をつけ、焦点を絞る」ことを大切にしている。

チェコ駐在時のことだ。私は工場の管理を担当していたのだが、そこにイタリア人の上司がやってきて、「プライオリタイズ・アンド・フォーカス」と私に言った。

デンソーは何かと「全部やろう」としがちな会社だ。生産性を上げて、スクラップ率を下げて、売価を上げて、原価を下げて、人を減らせば高収益になると。しかしその上司は「そんなにたくさんできないだろう」というのである。一番大きな課題は何か、それをどうするのか数字で示すよう教わった。例えば「スクラップ率が10％ある。今年中に1％下げる」。実際に1％下げるまで、その上司は毎月工場にやってきた。結局のところ「全部やろう」とすると一つも満足にできないものだ。些細なことかもしれないが、肝に銘じている。❗

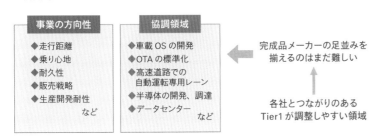

図表4　Tier1だからできる橋渡し

自動車業界の課題を2つに分けて考える

| 事業の方向性 | 協調領域 |
|---|---|
| ◆走行距離 | ◆車載OSの開発 |
| ◆乗り心地 | ◆OTAの標準化 |
| ◆耐久性 | ◆高速道路での自動運転専用レーン |
| ◆販売戦略 | ◆半導体の開発、調達 |
| ◆生産開発耐性　など | ◆データセンター　など |

完成品メーカーの足並みを揃えるのはまだ難しい

各社とつながりのあるTier1が調整しやすい領域

創業精神に回帰「人が手掛けないことこそをやる」

# 新規事業のアイデアを社内で公募「崖っぷち宣言」で意識変革促す

2020年11月、株式会社東海理化はトヨタ系列の自動車部品メーカーとして、大きな決断を下す。
これまで培った技術やノウハウを活用した製品アイデアを社内で公募、新事業に着手した。
その後、わずか3年で多くのヒット商品を生み、BtoCでの経験をBtoBに活かす準備も整った。
「待ちの姿勢」から攻めに転ずる。その陣頭指揮を取ったのは同社社長二之夕裕美氏だった。

Photo: Takafumi Matsumura　Text: Yusuke Higashi

## 二之夕 裕美

株式会社東海理化　代表取締役社長

## ■ トヨタ系として染み付いた「待ちの姿勢」に危機感

　2020年11月、私は社内に向けて「崖っぷち宣言」を発信した。それ以来、東海理化は、変革の只中にある。

　創業者の加藤由雄が1948年に設立した当社は、窓や照明、エアコンなどをコントロールするスイッチ類などを主力製品とし、自動車メーカーに納めてきた。創業の精神は「人が手掛けないことこそをやる」。スイッチ製作は手間がかかり、当時は誰もやりたがらなかったのである。

　1970年代、オイルショックのため当社は経営危機に陥った。その際、支援をしてくれたのがデンソーとトヨタだった。それからというもの、当社は

トヨタ系列企業として成長してきた。

　そのうちに、トヨタのやり方にあわせた仕事の仕組みができあがった。悪いことだとは思わない。トヨタと共に成長してきた当社にとっては、トヨタの指示どおりに動き、トヨタの期待に応えることが、一つの経営判断だったのである。

　だが、自動車部品の競争激化を受けて、それまで営業を行ってこなかった自動車メーカーへアプローチを始めた。

　取引先が増えるにつれ気がついたことがある。依然として「トヨタと取引がある」ことで大きな信用が得られる一方で、トヨタのやり方と、他社のやり方とが違っていることを痛感したのである。悪く言えば当社は「待ちの姿勢」が染み付いていた。カーメーカー

から出てくる仕様書の通りにものをつくるだけ。「このままで本当にいいのか」。私が社長になって最初に思ったことだ。

図表1　就任当時の経営課題

☑ トヨタ系であるがゆえのメリットとデメリット

☑ EVシフトに伴う車内インターフェイスの変化

☑ カーシェアなど時代潮流の変化

EVへの対応も遅れた。我々はEVを誤解していたのだ。EVといっても「ガソリンとエンジンが、電池とモーターに置き換わる」だけであり、エンジン部品を扱わない当社の事業には影響がないと考えていた。ところが、テスラのEVは、法律で定められているスイッチ以外、すべてディスプレイ化されている。

このままでは、車からスイッチ類がなくなってしまうかもしれない。当社で売るものがなくなってしまうかもしれない。他社に数年遅れてようやく、本気の危機感を覚えた。

加えて、世の中では自動車離れが進んでいる。「モノからコトへ」の流れもある。こうした環境下、東海理化として新しい存在価値をつくる必要があると考えた。あらためて、創業の精神である「人が手掛けないことこそをやる」に立ち返らなければならない。そんな考えをまとめたのが「崖っぷち宣言」だった。カーメーカーへの提案力を磨いて既存事業を強化しつつ、ものづくり、コトづくりも含めた新規事業に乗り出した。

## ■ 新規事業の強化へ
## eスポーツ用キーボードも

新規事業については、社内でアイデア公募を実施した。公募をしようと思ったのは、社員それぞれ「こんなことをしたらいいのに」があると思ったからだ。果たして約1700件のアイデアが集まり、そこから10件を最終的に選定した。

例えば、発達支援学級用のデジタル教材とタッチペン、シートベルトの生産工程で出る端材を活用した鞄やペンケース、地元を盛りあげるいちご農園などが事業化した。いずれも当社にもともとあった技術が活用されている。その一方で、まったく予想できなかった事業もある。例えばeスポーツ用のキーボードだ。企画書もないまま、いきなり試作品を持ってこられて驚いたのだが、当社のセンシング技術がしっかり使われている。

スマホで車の解錠や施錠をする「デジタルキー」を使った事業は、すでに実績が出ている。社有車を管理するアプリと連動させることで、空車の確認や予約、車の施解錠などをスマホ1台で完結できる社用車管理のシステム「Bqey」だ。光栄なことに、2023年度グッドデザイン賞を受賞した。また、店頭受付がいらない新しいレンタカーサービス「Uqey」への拡大にも取り組んでいる。

こうした新規事業をしたからといって約5000億円の年間売上が1兆円になることはまずないだろう。しかし、社内の意識を変えるカンフル剤のような役割は果たすと期待している。反対の声もあがった。だからといって「必ず成功するからついてこい」とは言えない。常に「とにかく一回やってみよう」の精神だ。公募で集まったアイデアも、そのようにして着手した。ものになったアイデアもあればならなかったアイデアもある。しかし一度形にすれば「社長が言っていたのはこういうことか」と社員の腹に落ちる。

事業化に向けた進捗も社内報で逐一報告している。「せっかく公募にアイデアを出したのに音沙汰がない」では、社員の気持ちが離れてしまうからだ。社外向けの広報活動も積極的に行うようになった。以前は他のトヨタグループの会社よりも目立たないよう心がけていたのだが、今は新聞各紙にもしばしば記事が載る。一番の反響は社員の家族からのものだ。「お父さん・お母さんの会社、こんなことをし

**PROFILE**

二之夕 裕美 (にのゆ・ひろよし)

1962年三重県生まれ。1984年トヨタ自動車株式会社に入社。生産調査部主査、生産管理部生産調査室室長、グローバル生産推進センター部長などを経て、2015年常務理事に就任。元町工場工場長、TPS推進センター部長、生産管理本部物流領域領域長、高岡工場工場長を経て、17年常務役員に。18年生産企画本部本部長、GAZOO Racing Company 生産担当、19年車両系工場担当を務めたのち、20年株式会社東海理化副社長に。同年代表取締役社長に就任。現職。

| 図表2 | 自社技術を生かした新事業を社内公募 |

| ハプティクス技術 | ものづくり技術 | センシング技術 | デジタルキー技術 |
|---|---|---|---|
| タッチパネルなどに<br>使われる「振動」技術 | ライン管理や自動化<br>などの「工場ノウハウ」 | 自社開発の<br>「磁気センサースイッチ」技術 | IoTデバイスの技術と<br>応用ノウハウ |
| ↓ | ↓ | ↓ | ↓ |
| 「振動するペン」として<br>子ども向けデジタル教材に | 温度や肥料を完全管理した<br>「いちご農園」を開始 | eスポーツ向け<br>「プロ用キーボード」<br>の製造販売 | 社用車の予約や施解錠を<br>クラウドで一括管理 |

 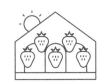  

ていたんだね」と言われたら、従業員はやはり嬉しい。社内の意識は着実に変わっている。

新規事業を手掛ける「ニュービジネスマーケティング部」も新設した。当社の営業はもともと、トヨタ関係を担当する第1営業部、それ以外のお客様を担当する第2営業部とに分かれていたから、新規事業を手掛けるにあたり「第3営業部」を新設する案が出たが、それでは変わらないと思った。

従来、当社の営業は固定のお客様からの注文を受けるだけで、自ら売り込みにいくことがなかった。また、部品が売れるか売れないかも、車の売れ行きに依存していた。しかし新規事業を始めるからには新規顧客を自ら開拓しなければならず、マーケティングからしっかり考える必要がある。そこで社内でメンバーを募りニュービジネスマーケティング部を立ち上げた。

飛び込み営業やテレフォンアポイントなどを通じて、当社の営業たちはようやく「売れる」ということがどういうことかわかってきたようだ。まったく売れない月もあるが、ドーンと大口の契約がとれるときもある。自分の力で仕事をとってくる喜びを積み上げている最中だ。

## BtoCで培ったスピード感をBtoBにも還元

「崖っぷち宣言」以降、東海理化はBtoBのみならず、BtoCも手掛ける会社になった。この変化は大きい。

BtoCに乗り出したのは、本当の意味で「お客様と接する」機会をつくるためだ。BtoBにはその機会が少ない。例えば、当社がカーメーカーに納めた部品に不具合があったとする。そのとき車のユーザーから直接クレームが入るかというと、そうではない。ユーザーはまずカーメーカーのディーラーに対

しクレームを入れるだろう。最終的に我々はカーメーカーから報告を受けることになる。製品をつくり、売り、お金をいただいておきながら、お客様からの言葉をダイレクトに聞くチャンスがなく、何かあったときはカーメーカーが尻拭い。これでは、商売とはいえないのではないか。

変化に対応するスピード感もBtoBは遅い。正確にはBtoBtoCのビジネスであり、最終消費者とつながっているのだが、最終消費者との間にカーメーカーやディーラーが挟まっているために、トレンドをキャッチするのが遅れる。また製品の仕様を変えようと思っても、実現するのは5年後だったりする。これはBtoBのビジネスでのみ通用する感覚だ。

裏を返せば、BtoCに乗り出し、「お客様と接する」経験を積むことで、開発力の強化をはじめ、「即断即決、即実行」や、開発や製作のリードタイム

図表3　BtoCで得た「感覚」をBtoBでも活かす

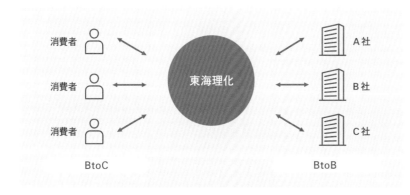

消費者　東海理化　A社

消費者　　　　　B社

消費者　　　　　C社

BtoC　　　　BtoB

新規事業で最終消費者とつながって得た経験を
各メーカーへの提案につなげる。

短縮などにつながる。そうすれば、既存事業であるBtoB、つまり自動車部品の製造販売にもいい影響がもたらされると期待している。

もとより、開発力は当社にとって一番の経営課題だ。例えば「中国でEVが売れている」といっても、中国の車がすべてEVになるわけではない。北京より北の寒い地域では、EVの性能が落ちるという。ならばPHEV（Plug-in Hybrid Electric Vehicle）もハイブリッドも必要とされるだろう。車の内装にしても同じだ。スイッチ類がなくなっていくトレンドはあるが、それとは別のところで「こんなスイッチもある」とお客様に提案できる会社でなくてはならない。

理想は「これは東海理化しかつくれない」と評価されるような、オンリーワンの製品をつくること。ちょっとした技術の差、価格の差ではオンリーワンとは呼べない。問われるのは開発力だ。開発力強化のためにと、開発、設計、生産技術、営業の人間が一ヵ所に集まりワイワイ仕事ができる新しいフリースペースを、若手主導で企画運営させてもいる。

BtoCのビジネスを始めてから開発現場が活気づいているのは確かだ。しかし、開発担当の多くは昔からの日本の車に慣れ親しんできた人間であり、それを根底から覆すような発想ができるかというと簡単にはいかない。例えば「使い勝手がいい」程度では商品力にならないのが昨今だ。iPadのようなディスプレイで操作する車はむしろ、使い勝手がいいとはいえない。特に運転中はスイッチ類を操作するほうが簡単に決まっている。それでも「スイッチがあること自体が古い」とするトレンドは押し返せない。我々にできるのは製品バリエーションを幅広く持つこと。トレンドがどこに向かっても対応できるよう備えたい。

## 日本の強さは「人」の強さ DXでさらに引き出す

既存事業にしろ新規事業にしろ、ものづくりの強さをどこに置くかと考えると、日本の場合は「人」だと思っている。

日本人は時間を守り、ルールを守る。工場で働くためのベースができている。「そんなの当たり前だ」と思っているのは世界でも日本人だけだ。80年代から90年代にかけて、日本のものづくりが強かった一番の理由はこれだと思う。

ただし人の強さには弊害もあった。属人化が進み、「この人がいないとできない」のが日本のものづくりの弱みになった。大切なのは、属人化を防ぎつつ、もう一度人の強みを取り戻すこと。そのためのツールがDXだと私は考えている。

当社は現在、通常の投資枠とは別に「戦略投資」枠を設け、カーボンニュートラル、生産体制の再編、新規事業に加え、DX推進にも重点投資をしている。具体的には、DXの活用により、ものづくりの現場を「リアルタイムで問題を発見し、リアルタイムで手が打てる」スピーディなものに変革したい。

簡単にいえば、今起きている問題が翌日報告されるようでは遅いのだ。トヨタで働いていた頃、上司に「過去3ヵ月の不良データを解析します」といったら「3ヵ月も不良を寝かせていたのか」と怒られたことがある。「何がパレートチャートだ」とも言われた。

リアルタイムで問題を発見し、リアルタイムで手を打てば、そんなものは不要だと……。その通りだと私は思う。

もう一つ、日本の強さを挙げるとするなら「人間性尊重」だ。似た言葉に「人間尊重」がある。人間尊重は文字通り、社員を人として大切にすることだ。一方、人間性尊重とは、人間にしかない「本能」をモチベートすることをいう。やりづらいことがあったら、やりやすくしたいと考える。悪いものがあったらよくしたいと考える。そして問題が起きたら、必ず解決しようとする。こうした人間性を発揮してもらうためにも「今、問題が起きている」という事実が目に見える環境を整えないといけない。DXが、それを可能にする。DXにより、人間性尊重の考え方を推し進めていけば、人の生産性は今の何倍にもなるだろう。

だが、忘れてはいけないのは、DXというと「情報をリアリタイムで見える化する」ことだと考えられがちだが、見える化だけでは何もよくならないのだ。問題解決のため具体的なアクションを起こせる「人」がいて、はじめてスピーディなものづくりは実現する。DXはあくまで人が使う道具にすぎない。DXという道具を使って、問題解決のためにプロアクティブに動ける現場を育成したい。「金太郎あめ教育」で同じことをする人間を育てるのではなく、「問題が起きたらすぐに動く」という考え方を共有した人間を育てる。そうした人間が1人、2人、3人と増えていくと、上司がとやかく言わなくても「リアルタイムで問題を発見し、リアルタイムで手が打てる」現場ができあがる。

## 次世代の経営者に望む4つの力

次世代の経営者に求められる力を挙げるとしたら、第一には、現場で指揮が執れることだろう。現地現物、即断即決、即実行。これができることが大前提だ。

次に、変化が好きであること。私は、どちらかというと心配性がベースにあり、「このままでは厳しいから、変えよう」とネガティブに考えるタイプだ。本来は、もっとポジティブに「こんなことがしたい」といえる人間のほうが経営者に向いているかもしれない。

3つめは、自前主義にこだわらないことだ。端的にいって、自前主義にこだわると、レベルが低くなる。外の世界を見なくなる。スピードが遅れる。自社の技術だけで市場を牛耳れるならともかく、そうでないなら、他社との協業で高みを目指すのがベターだろう。

ただし、協業相手に対して「上から目線」になってはいけない。大企業は、ともすると「自分たちが主であり、相手が従」という関係を当然のものと考え、相手の技術を一方的に取り込もうとする。そんな態度をとった瞬間、技術と熱量をもった企業には、付き合ってもらえなくなる。例えば、相手がスタートアップなら、技術があっても人が足りないかもしれない。そうした、お互いの弱いところを強いところで補い合うような、対等な関係を結ぶべきだ。

私自身、トヨタに勤めていた頃は「トヨタ風を吹かすな」とよく言い聞かされた。印象に残っているのは当時の社長から「君たち、道の真ん中を歩かないように」「制服をきてお店に入ってはいけない。脱ぎなさい」と言われた。常に謙虚であれ。その教えは、今も私の中にある。●

図表4　フリースペースで開発力を強化

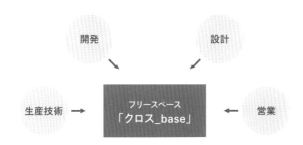

本社にフリースペース「クロス_base」を設置。
ソファやバランスボールエリア、スタンディングデスクを備え、
部署間の壁を超えたコミュニケーションが育まれている。

## JMAのミッション②

# 「人材育成」
## ものづくり業界を支える人材を育成する

JMAは創立から約80年もの間、一貫してビジネスシーンで活躍する人材の育成に
取り組み続けてきた。その対象は、経営者・幹部クラスから、部長・課長クラス、
現場で働く一般職まで幅広い。多岐にわたるJMAの人材育成事業の一部を紹介しよう。

Text: Yuki Miyamoto

### ものづくり企業の次世代経営幹部を育成する 「JMI生産・開発マネジメントコース」

新しい時代を切り拓く将来の基幹人材育成のための本格的な長期選抜研修が、JMAマネジメント・インスティチュート（JMI）だ。1990年の創設以来、現在まで34年続くJMAの主力事業である。

全部門・全職種の部長クラスを対象にした「エグゼクティブ・マネジメントコース」、人事部門の課長クラスを対象にした「戦略人事プロフェッショナルコース」などさまざまなコースが設けられている。なかでも、ものづくりの分野に特化し、製造業の部課長クラスを対象にしているのが「生産・開発マネジメントコース」だ。

コースの会期は約9ヵ月間（2023年は7月から翌年の3月まで）。期間中は約30日間の研修が組まれている。参加者は自動車メーカーをはじめ、電気機械器具メーカー、医薬品メーカーなど多岐にわたる。

目指しているのは10年後、20年後を見据え、自社のものづくりに変革を実現し、経営にインパクトを与えられるリーダーを育成することだ。そのため、プログラムは受講生が経営視点を身につけ、自身のありたい経営者像を明確に描き、部門の視点を超えて全社の視点で経営課題をしっかり捉えて解決策を立案できるよう設計されている。

ベースとなるテーマは3つだ。1つは経営者の役割を学んだり、自社の経営課題に関するワークショップを行ったりすることで身につく「経営視点」。次に海外視察も取り入れつつ、今後のものづくり戦略をどうすべきか考えることで磨く「これからのものづくり戦略」。最後に人間力をどう磨いていくかを突き詰めることで描く「ありたいリーダー像」。これらを理論と実践のバランスを取りながら学ぶ。

教室内での座学だけではなく、工場などの視察を通じて現地現物に触れる機会を大切にしているのも特徴だ。2023年度は海外視察としてドイツに行き、現地のサプライヤー企業の強さがどこから来るのかを学んだ。ドイツでは企業規模がそこまで大きくない会社が、同じ規模の日本企業の3倍くらいの利益を叩き出す。有給休暇をフル消化し、週40時間しか働かない職場でなぜそんなことができるのか。

共同テーマ研究では、未踏課題・テーマに対して、さまざまなバックグランドを持つメンバーと意見交換や議論を深めることによって、チームとしての創発を生み、創造

2022年度のJMI生産の修了式での集合写真。会期終了後も公私ともに交流を続けている受講者が多いそうだ

的かつ実践的な施策を描く。

本コースで一緒に学ぶ中で仲間同士の絆も深められる。参加者自身が人間的にどう変容していくかというのも、このコースを通じて期待されている重要な成果だ。なかには、コースがすべて終了した半年後に集合し、それぞれが所属企業でどのように熱い想いをぶつけてきたか、改革案を実践してきたかをフィードバックするグループもある。運営サイドとしても、参加者同士の交流が促進され、オフサイトのつながりが生まれるように積極的な働きかけを行っている。

経営者や幹部人材を取り巻く状況はこの数年で大きく変わってきた。その一つが、実効的な企業統治の実現を目的にして2015年に制定されたコーポレートガバナンス・コードだ。これが施行されて以来、多様性の観点から取締役会に社外取締役が多く入るようになった。

しかし、裏を返せば、ものづくりの現場のことをあまり知らない取締役が増えるということでもある。社内から取締役会に抜擢される人材には、これまで以上に、現場の事情に精通し、高い課題意識を持つことが求められる。

カーボンニュートラルへの対応やDX推進など、製造業がかつてない大きな変化に直面している状況だからこそ、ものづくりを知り、地に足のついた変革を語れる取締役が欠かせない。そうした危機意識を持つ企業は非常に多く、常に産業界の最前線で求められている人材ニーズにしっかり応えながら、本コースは細かなアップデートを繰り返している。

## 現場を支える人材を育成するための「3資格（CPP、CPE、CPF）」

JMAでは、ものづくりの人材育成にも活用でき、業務のプロを認定する資格制度を提供している。ここでは、購買・調達分野のCPP、生産技術分野のCPE、製造現場分野のCPFの3資格について紹介する。

### CPP（Certified Procurement Professional／購買・調達プロフェッショナルスキル資格）

『購買・調達部門の業務は経営そのものである』といわれるくらい、非常に多岐にわたる知識・スキルと、社内外多くの関係者と仕事を進めていくことが求められている。

コロナ禍を経て、購買・調達部門はますます複雑かつ高度な役割と業務を求められているにもかかわらず、今まで、仕事に必要なスキルを体系的に身につける手段が存在していなかった。そこで、JMAが2007年にスタートさせたのが、このCPPである。

購買・調達の業務経験を3年程度持つ方を対象に想定したCPP-B級、同部門のマネジメントクラスないしはマネジメントクラスを目指す方を対象に想定したCPP-A級の2つがあり、これまで1300社以上、延べ2万5000人以上が受験している。今では、製造業だけではなく幅広い業界、かつ新入社員から企業役員までが利用している。

コロナ禍で生じたサプライチェーンの混乱は記憶に新しいが、現在は地政学リスク、地球環境や人権への配慮、各地域による規制への対応など個社だけでは解決することが難しい問題も数多く、また変化のスピードも速い。そのような中で、購買・調達部門は能動的かつ戦略的に動くことが求められ、CPPはそのような人づくりや組織づ

くりだけではなく、個人のレベルを測れるツールとしても重要度が高くなっている。

### CPE（Certified Production Engineer／生産技術者マネジメント資格）

生産技術者は「何でも屋、便利屋」と言われるほど、仕事や役割が企業によって変わり、また曖昧である。生産・製造関連の仕事もあれば、開発や品質、アフターサービスに関連した仕事もある。このように業務範囲や役割が不明確かつ幅広いため、網羅的な知識を得ることが難しく、後進を育てようにもOJTでは限界がある。

そこで、生産技術者の役割、業務内容を整理し、明文化しようという動きから2009年に創設されたのがCPEである。業務経験5年以上の方を対象にしたCPE-B級、マネジメントクラス以上を対象にしたCPE-A級の2つがあり、合わせて約2500人以上の合格者をこれまでに輩出している。

プロフェッショナルな生産技術者が求められる背景には、数十年来の継続課題であるグローバル化に加え、現在直面しているデジタル化という課題もある。1社だけの文化風土に精通したプロフェッショナルではなく、ゼネラルな視点を持ったプロフェッショナルでなくては課題に対応できない状況にある。

CPEを通じて一般的な専門知識を身につけてもらい、そこに新しい知識や経験をアドオンさせてもらうような活用の仕方が望ましいだろう。

### CPF（Certified Production Foreman／第一線監督者マネジメントスキル認定資格）

JMAでは製造業の現場で人材を指導・監督する人を「第一線監督者」と呼ぶ。CPFはそのスキルを育成、認定するための資格制度だ。2010年に始まり、これまで100社以上、3200人以上が受験している。

きっかけは、40年以上にわたってJMAが開催している「第一線監督者の集い」だ。この第一線監督者に必要なマインドセット、考え方、振る舞い、マネジメントなどを体系的に整理しようということで制度化された。

CPP、CPE、CPF。いずれの資格も、日本を含む180ヵ所の試験会場（テストセンター）で年間を通して受験することが可能だ。

製造現場は近年、機械化がどんどん進んでいるが、変わらず「人」で動いている。その「人」をいかに育てるか、現場の力を強くしていくか。CPFを通じて身につくのは経営視点だ。JMAではこれを身につけた第一線監督者が増えることで、日本の特長である高い組織能力を製造現場が維持できると考えている。

### ものづくり人材育成の一助となるために。「研修（公開セミナー、ソリューション）」

JMAはものづくりに関する研修プログラムを主に、「公開セミナー」と「ソリューション」により提供している。

まず公開セミナーについて紹介しよう。この事業がスタートしたのは戦後間もない1947年のこと。疲弊した経済状況を克服するため、「ものづくり日本」の基盤構築と、

実際の生産活動を担う技術者の養成に着手し、「第1回生産技術者講習会」が開催された。これが後のJMAの人材育成事業にもつながっていく。

そうした経緯から、現在までにさまざまな部門（生産、開発・設計・技術、購買・調達、マーケティング、人事・教育など）、階層・役職別（トップマネジメント、幹部・部長など）に向けたプログラムが用意されている。開催地も東京や大阪など複数拠点で開講され、期間も半日コース、1日コース、2日コース、3日コースなど内容によって異なる。

ものづくりの分野に限っても、公開セミナーで扱われるものは、生産分野が約80テーマ、購買・調達分野が約50テーマ、開発・設計・技術分野が約60テーマと多岐にわたる。参加者の階層も、現場経験の浅い一般職から係長、課長、部長クラスとさまざまだ。

受講者がそれぞれの目的意識に応じて最適なセミナーを選び、参加している。また、社員が個別に申し込むのではなく、人事部、事業部の教育担当者が主導して職務に合った講座への参加を社員に促すケースも多い。

全体をみると、入門から基礎、応用まで多岐にわたってラインナップされている。近年、リスキリングの重要性が高まってきているが、一つのテーマをあらためて基本的な部分から学び直すことのできる公開セミナーは、こうした時勢にもフィットしている。

製造現場においても、人手不足、あるいは人材の流動化が加速しており、その状況下で限られた人材の基礎的なビジネススキルを高めていくためにも、人材教育の一環としてセミナーが活用されている。

さらにコロナ禍を発端とした働き方の変化や学習ニーズの多様化を受け、公開セミナーの各講師と情報交換を行ったり、セミナー参加者からの質問やニーズを参考にしたり、例えばIoT、AIといった時事性の高いテーマを深掘りするなど、公開セミナーで取り扱うテーマの拡充に力を入れている。

次にソリューションについて紹介しよう。これはいわば、講師派遣型・カスタマイズ型研修による個別課題解決サービスだ。JMAが積み上げてきた研修の知見を特定の1社向けにカスタマイズして提供する、コンサルティングに近いサービスである。この事業は約20年前にスタートし、年間のセミナー開催数は約2380本、参加者数は約3万人を数える（2021年度実績）。

具体的なサービスとしては、課題発見からアフターフォローまで支援する「講師派遣型研修」、客観的視点から個人や組織の特性を診断する「アセスメント・診断」、経営実務家や専門家など一流の人物を派遣する「講演」などがある。

このうち「講師派遣型研修」には、「次世代ものづくり中核人材育成」「ものづくり部門階層別研修」「現場課題解決研修」などいくつものジャンルがあるが、扱うテーマは「生産技術力向上」「購買・調達スキル向上」「問題解決力強化」「技術英語」と幅広い。

特徴はクライアント企業が直面している課題に合わせてハンドメイドで研修プログラムをつくっていくという点だ。これまでにJMAが知見を蓄積していないテーマでも、JMAのネットワークを活かしてプログラムを企画し、組み立て、講師を人選する。できるだけ企業に寄り添い、伴走していきたいというJMAの想いが根本にあるからだ。

サービスの特性上、基礎的な内容に収まらないテーマも多いため、JMA側のスキルアップもつねに求められている。定期的に行われている評議員会をはじめ、企業の役員・幹部クラスの人材と交流することで、最先端の問題意識のキャッチアップに活かしている。🔳

公開セミナーの様子。一時期、コロナ禍で参加者が減少していたが、現在は少しずつ回復基調にあるとのこと

Make New

Panasonic

# 変化はチャンス。機運を捉えて道を切り拓く
# 「間違いなくやってくる未来」を見据えた意思決定に勝機あり

円安進行やグローバル経済の分断、ITの進展など、世界の事業環境は急速な変化に見舞われている。

パナソニック ホールディングス副社長の宮部義幸氏は、この変化を「チャンス」だと捉える。

その好機とはどのようなもので、適切に捉えるには何が必要か。

不確実性が増し、先行きが見えづらい中、同氏がどんな意思決定をしているのか聞いた。

Photo: Kazuhiro Shiraishi　Text: Yusuke Higashi

## 宮部 義幸

パナソニック ホールディングス株式会社　取締役　副社長執行役員

## ITの進展とGXは脱「失われた30年」の好機

バブル崩壊以降の日本経済に「失われた30年」をもたらした要因は大きく3つあると考えている。一つ目はプラザ合意による円高。2つ目は東西冷戦終了によるグローバル経済圏の誕生だ。日本はそれまで西側経済圏において最も低コストでものをつくれる国の一つだったが、以降、日本企業は生産拠点を中国に移すなどの対応を迫られた。

3つ目がITの進展だ。パソコンが登場し、インターネットが普及した。日本企業はITを「使う」ことはできたが、ITを産業インフラとする動きが遅れ、GAFAに代表される米IT大手の後塵を拝した。かつて「材料を仕入れ、加工し、輸出する」ビジネスモデルによって世界のものづくりを一手に引き受けていた日本だが、そのビジネスモデルが崩壊したのが、「失われた30年」の内実だったように思う。

だが、この1〜2年でそれら3つの要因が変化した。まず円高が円安に転じた。またグローバル経済は米国中心の経済圏と中国中心の経済圏とに分断されつつある。こうした環境下、グローバル経済における日本の評価が相対的に少し上がっているのを感じる。2023年の日本株の好調も、その表れではないか。

ITについてはどうか。「ムーアの法則」に沿う半導体の高性能化は当分続くだろう。ただ、ムーアの法則の恩恵を受けやすい領域と、受けにくい領域があるのも事実だ。スマートフォンにしても、2007年の登場から16年が過ぎた。スマホ起点の産業がこれま

図表1　日本経済を取り巻く状況の変化

**1　円安→円高→円安**

プラザ合意以降、円高が進んだが現在は円安方向に転じつつある

**2　冷戦後の経済圏の変化**

冷戦後グローバル経済になったが、再びブロック経済に戻りつつある

**3　IT社会の進展**

ITの発達で社会の進化は続くが、恩恵を受けやすい領域とそうでない領域を峻別する必要がある

で同様のペースで拡大発展するとは考えにくい。スマホ自体、すでに十分すぎるほどの機能を有しており、新機種への消費者の関心が薄れているのを感じる。必然的に日本企業の目は、スマホにかわる新しいハードウェアに向かうことになるだろう。

さらに、GX（グリーントランスフォーメーション）が注目を集めてもいる。2050年までのカーボンニュートラル実現に向けて世界は舵を切った。産業革命以来、人間は地球環境を傷め続けてきたが、このままでは地球と人間が共存できなくなる。これから到来するのは、技術革新によって人々の生活の質を守りながら環境負荷の低減に成功した企業が、評価される世界だ。

日本企業が「失われた30年」を巻き返すには、こうした変化の機運を捉えることが肝要となる。

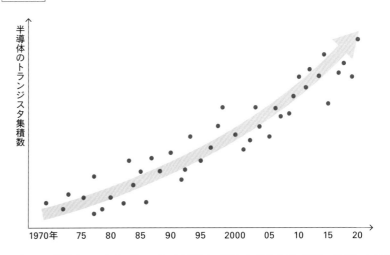

図表2 「ムーアの法則」とは

半導体のトランジスタ集積数

1970年　75　80　85　90　95　2000　05　10　15　20

● インテル創業者の1人ゴードン・ムーアが論文で示した考え方で、製造・生産における長期的傾向を捉えるための予測手法。
● 1975年当時、ムーアは集積回路上のトランジスタ数が「2年ごとに倍になる」と予測した。
● 現在は、半導体やコンピュータ部品の将来予測を行う際、重要な指標の一つとして使われている。

## ■ 直接的に見えない
## ■ 「大きな変化」に気づく

パナソニックの意思決定が早いか遅いかと問われたら、「非常に早いところと遅いところがある」が答えになる。

既存事業を続けるかやめるか、新規事業を立ち上げるか否かといった意思決定については、早い場合もあると私は思っている。例えば、当社はEV用バッテリーに集中投資しているが、これは足元での話であり、2030年以降の成長を見越して水素事業にも取り組んでいる。こうしたギアチェンジは迅速だ。

だが、そうした意思決定は常に困難がつきまとう。例えば、規模が大きく収益性も高い既存事業が、調子を落としたとする。そんなとき当社としては、市場の問題なのか、当社のパフォーマンスの問題なのかと考えるわけだが、どちらかというと後者ではないかと判断し、「立て直そう、元の状態に戻そう」とすることが多いと思う。客観的には「変化しようとしていない、意思決定が遅い」と見えるかもしれない。

いずれにせよ、こうした意思決定には客観的な判断材料が欠かせない。2013年、パナソニックは民生用スマホから撤退した。このときは「パナソニック単独の企業努力でリカバーできるのか・できないのか」がポイントだった。

第1世代（1G）から第3世代（3G）の初期まで、携帯電話市場をリードしていたのは日本のキャリアだった。そのためキャリアとの信頼関係を構築し、キャリアが満足するスペックの携帯電話をつくれば事業は伸びた。しかしスマホのスペックを決めるのはキャリアではなかった。Androidのスペックを決めるのはグーグルだ。サムソン、ソニーなどはグーグルのリソースにいち早くアクセスし、スマホ市場で上位のシェアを獲得した。しかし、我々"ドコモファミリー"はAndroid端末の導入で後手に回った。挽回を試みたが叶わず、最終的には「企業努力では乗り切れない」と判断、民生用スマホからの撤退を決めた。ただ事業全体の売却はしなかった。結果

的に、民生用スマホに投じていたリソースは、いわゆるガラケーと業務用端末、そして将来性が高い「自動車の電子化」に振り向けることができた。

往々にして事業の方向性を大きく変えられない理由があるとしたら、それは直接的に見えない「大きな変化」に気づいていないからではないかと思う。例えば、長い付き合いのあるお客様が皆「いい」と言ってくれているのだとしても、自分たちの目に見える市場と、世間が見ている市場とがまるで違ってしまっているケースもあり得る。

デジタルカメラがいい例かもしれない。以前のデジタルカメラは「携帯電話もデジカメも両方持つ」時代のデジカメだった。ところが今は多くの人がスマホで撮影しており、デジカメを購入するのは特定の層のみ。仮に「デジカメ市場で上位のシェアを占めている、いい製品をつくっている」のだとしても、かつてと今とではインパクトが異なる。しかし長らく同じ業界内で、

同じ競合、同じ消費者を見ていると「視野狭窄」が起き、こうした変化に気づきにくい。本来はこうした市場の変化、産業構造の変化にあわせて、事業ポートフォリオなりビジネスモデルなりを変えるべきだが、容易ではない。さらに過去をひもとけば、銀塩カメラで愛されたニコン、ミノルタ、キヤノンといったメーカーも、デジカメでは出遅れたのである。

## 変化を捉え高い視点で新規事業を考えるべき

新規事業を立ち上げるにも、さまざまな方法がある。例えば、従業員からの提案に期待するのも一つの手だが、私個人としては、従業員からの自発的な提案活動が実を結ぶ確率は低く、安易に期待するべきではないと思う。むしろ、手を挙げた従業員を不幸にする可能性が高い。

なぜなら、新規事業は「とことん失

敗する」のが難しい。とことん失敗すれば早く撤退でき、会社としても従業員のキャリアとしても痛手を小さくできる。しかし現実には、立ち上げたばかりの新規事業は赤字が出ても大した額ではなく、「もう少し続けてみよう」と撤退を先延ばしにされがちだ。それで事業が成功すれば問題はない。だが数年後に「やはり撤退」となれば、新規事業を提案した従業員は、長期のキャリアを棒に振ったことになる。

そんなわけで個人的には、従業員からの新規事業提案にポジティブではない。大企業は、世の中の変化を捉えた上で、より高い視点から新規事業を考えるべきだと思う。その意味では、当社は長らく「ムーアの法則」を見据えていた。それこそ2000年頃から2008年頃まで、「アナログ機器をデジタル化する」デジタルAVは、半導体の世界において最もヘビーなアプリケーションだった。だからこそ当社はムーアの法則の先頭を走りながら、付加価値が最も大きい領域でビジネスができた。しかし、2008年頃にムーアの法則は当社を「通り過ぎて」いった。以降は先端プロセスを活用した応用製品を出せなくなっている。そして、コモディティ化した領域では我々に勝ち目はない。その後、会社として何に注力するべきかを考えるにあたっては、七転八倒するようなプロセスがあったが、やがて「環境革新企業」というスローガンが生まれた。今でいうGXを志向し、燃料電池やヒートポンプなどにリソースを投入し始めた。

もっとも経営層の主導で新規事業

図表3 事業の継続・撤退をどう判断するか？

撤退か？ ← 収益性が落ちている事業 → 継続か？

- ●市場の問題か？　自社のパフォーマンスの問題か？
- ●立て直せるか？　企業努力では限界があるか？
- ●客観的な情報はどちらを指しているか？
- ●未来の「大きな変化」に気づいているか？
- ●先延ばしで、従業員のキャリアを台なしにしていないか？　など

を立ち上げるのも容易ではない。米国のスタートアップよろしくガレージからスタートするやり方もできなくはないが、それでも10〜15年はかかる。選択肢として考えられるのはベンチャーや中小企業との協働、あるいは買収だ。過去には米国のAIベンチャーを買収したこともある。新規事業を立ち上げるにあたり、全社を横断するコンソーシアムのような会議体を立ち上げることもしばしばだった。多くの場合、人材を含めて新規事業に必要なリソースは全社に分散している。コンソーシアムはそれらを集め、組み合わせるための場だ。コンソーシアムから新規事業の「種」が生まれ、経営企画がそれを中期戦略などに落としこむ。

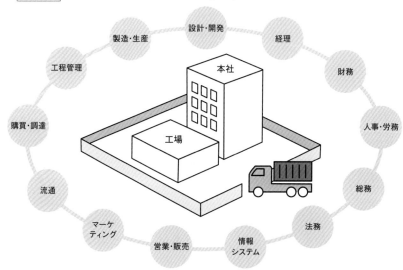

図表4　会社として「オペレーション力」を鍛えていく

技術力を前提に、総合的な「オペレーション力」を鍛えておけば、事業機会をつかみやすい。さらに、国を支えるインフラ事業に即時対応することも可能だ。

## 国のインフラ政策を担う「オペレーション力」

変化を捉える上で各国の戦略と絡む部分もある。特にエネルギー分野においては、我々が提供できるのはバリューチェーンのほんの一部だ。いま最も投資額が多いEV電池にしても、EVのバリューチェーンの一部に過ぎない。

それでいて、エネルギーは国家の存続において重要な要素であり、儲かるから続ける、儲からないからやめる、という話ではない。EV電池がなくなればEVという産業が廃れてしまう。そもそも、ガソリン車からEVへと自動車がシフトするということは、国のエネルギーインフラを変えるという

ことであり、税金の問題や充電インフラの問題などさまざまな要素が絡み合う。電力、ガス、水道もそうだ。エネルギーインフラと呼ばれる領域でビジネスをしようと思えば、国や自治体の戦略との整合性が問われる。

EV電池に関しては、テスラから声をかけられた当時は、すべて自力で事業を行っていた。だが想定以上の生産量が必要になり、リスクは承知の上でテスラと共同運営するネバダの「ギガファクトリー」への投資を決めた。その時点ではまだ政府からの補助もなかった。たまたまイーロン・マスクという起業家に賭けることにしただけだ。

結果として、それは非常に大きな投資額となった。今はようやく単年度で黒字化したところ。また保有していた

テスラの株式は投資額を上回る値をつけた。今度はカンザス州に数千億円規模の巨大工場を建設予定だ。株式などで回収することはできず「カンザスに工場が存在することで得をする」人たちに協力してもらうことにした。例えばカンザス州政府だ。政府は自動車産業を守りたい。これからガソリン車からEVにシフトするにあたり、EV電池がなければ米国の自動車産業は潰れてしまうのだ。そしてEV電池をつくれるのは日本と韓国と中国だけ。だが米中対立があるため中国企業には声をかけられない。ならば、日本や韓国の工場を誘致しよう、そのために支援をしようとなるわけだ。実際、カンザス工場はカンザス州政府からさまざまな支援が受けられる。

我々はこのように、国の戦略を事業に組み込むことで巨大インフラに投資するリスクをヘッジする。そのためにはできるだけ上位のレイヤーで国や自治体とコミュニケーションをとる必要がある。それこそ米国各州の知事や大臣クラスが「工場を見学させてほしい」などと触手を伸ばしてくるのだ。そうしたコミュニケーションを通じて、米国各州がEV電池の工場の誘致に躍起になっている現状も理解できた。

日本においては残念ながらまだEVの需要が小さく、大量のEV電池にも需要がない。経産省などは「国内で量産投資をするなら支援する」といってくるが、EV電池をつくったところで日本でEVが売れないのならやる意味がない。それでも、2024〜25年には状況が変わると思う。思えば、明治時代の富岡製糸工場や八幡製鉄所も、国が支援した産業インフラではなかったか。繊維も鉄も、それがなければ国が成り立たないというインフラだ。EV電池も同様に、単独で儲かる・儲からない話ではなく、国の産業政策との絡みが大切になってくる。

こうした国を支える産業を担うにあたり、国が支援する先として選ばれるには、技術力も先見性も重要だが、強いて一つを挙げるなら「オペレーション力」が必要だと思う。極論すると「工場は全部国がつくるからオペレーションだけしてほしい」と言われたとき、効率よく安く製品を供給でき、かつ利益が出せるかどうか。この力がなければ、産業インフラを担う者として手を挙げるわけにはいかない。「投資

をしてもらったが赤字の垂れ流しで、毎年支援をしてもらわないと成り立たない」ようでは、国を支えるインフラとしてまずいのだ。オペレーション力は、技術力をはじめ経理、財務、人事の力までを総動員したノウハウの塊だ。当社とて100%の自信があるとはいえないが、そのようなノウハウの塊が、確かにある。

## ■ 確実性の高い未来からの「逆算」で新規事業を創出

総じて、未来戦略を考えるにあたっては「間違いなくやってくる未来」からの逆算が鍵になるだろう。

ムーアの法則がその役割を果たしてきたが、今後も重要な意味を持つと考えられている。「今はできなくても半導体が数倍の性能に進化した5年後なら必ずできる」そんなふうに来るべき未来を見通しながら、事業に取り組むべきだ。

スマホが登場した2007年当時、半導体の性能はまだ低かった。そのためスマホのバッテリーはすぐに切れ、カメラの画素数も小さかった。ガラケーのほうがむしろ高性能であり、時代の「最適解」に思われた。だが半導体が進化するにつれて種々の問題は解決されていった。対照的にガラケーはそうした恩恵を享受できず、スマホに取って代わられた。

日本人はその時点の最適解に美学を感じる傾向がある。しかし未来戦略を考えるなら、「現在」の最適解ではなく、「間違いなくやってくる未来」に賭けなくてはいけない。欧米企業がやっているのもそれだ。2050年までのカーボンニュートラルは「間違いなくやってくる未来」の一つだろう。2050年から逆算し、これから5年後、10年後、20年後の未来に実現できることを考える。成功確率の高い新規事業とは、こうした発想から見出せると思う。●

PROFILE

宮部義幸（みやべ・よしゆき）

1957年大阪府生まれ。1983年松下電器産業（現パナソニック ホールディングス）に入社。本社研究所や新規事業部門などを経て、2008年デジタルネットワーク技術等担当の役員に就任し、2011年常務役員、常務取締役を経て2013年AVCネットワークス社長に。2014年取締役専務、17年専務執行役員、チーフ・テクノロジー・オフィサー（CTO）などを歴任。2021年東京代表、渉外担当。2022年より取締役副社長執行役員に。現職。2023年、関西経済同友会の代表幹事に就任。

製造業の未来を拓くのは経営者の手腕

# 社員のやりがいを引き出す 自律分散型グローバル経営

製品・テクノロジーの提供に加え、顧客の課題解決、そして社会課題の解決へ。今、日立製作所は新境地を目指す。
製造業史上最大の赤字からV字回復を遂げた後、日立製作所を稼げる会社に変えた東原敏昭氏は、
「主体性を発揮する強い"個"と、共感力を軸にしたチームワークが鍵を握る」と語る。
同氏が理想とする組織やリーダー像、そして経営の判断軸とは何か、話を聞いた。

Photo: Kazuhiro Shiraishi　Text: Daisuke Ando

## 東原 敏昭

株式会社日立製作所　取締役会長　代表執行役

### 鍵は強い"個"とチームワーク 参考になる栗山監督の組織論

　私がイメージする理想のチーム。その一つが、野球の日本代表だ。

　2023年3月、日本代表はWBC（ワールド・ベースボール・クラシック）で優勝した。大谷翔平選手をはじめ、海外でプレーする日本人選手の活躍が光ったが、個別の戦力を見れば、マイク・トラウト選手などを擁するアメリカのほうが上だったように思う。

　それでも日本が優勝した。なぜだろう。強い"個"だけではダメで、チームワークがないと勝てないからだ。鍛えられた個人がチームワークの重要性を理解し、連携する様は、まさに理想のチームだった。それを実現した栗山英樹監督のチームづくりは、大いに参考になる。

　野球やサッカー、バレーボールに限らず、ビジネスにおける個人や組織も同様に、海外と交わった"個"は強くなる。強い"個"とチームワーク。これが製造業だけでなく、このあとの日本を変えていくと私は思っている。今、日立製作所もそのような組織を目指しているところだ。

　まず、海外の従業員が増えたことで、多様性の中で切磋琢磨した強い"個"が増えた。現在、32万2000人のうち60％が海外で、残り40％が日本だ。当初は戸惑いもあったが、少しずつ化学反応が起き始めている。サステナビリティの推進を担うイタリア人の女性役員は「私が日本人のマインド

を変える」と頑張っている。外国籍の社員の中には、結果のみで判断される成果主義に慣れた人もいるが、日本人と交わることで彼らも変化し、強い"個"になる。

　次にチームワークを高めるには、ジョブセキュリティの確保が不可欠だ。これが確保されないとチームワークは出来上がらない。終身雇用のぬるま湯はよくないが、失敗しても別の場所でチャンスをもらえるような安心感がなければ、自分の利益ばかりに目が行ってしまう。

### 縦割りを打破する

　なぜ、私がそう思うようになったの

か。それはバラバラに崩壊しかける日立を、この目で見てきたからだ。

2009年3月期、日立は7873億円という、日本の製造業史上、当時最大の赤字を出した。大きな利益を生み出す事業がある一方、不採算や低収益の事業もあり、全社の巨額の赤字もどこか他人事。「自分の事業で赤字を出しても、稼ぎ頭の事業が帳尻を合わせてくれるから心配ない」という雰囲気があった。

これをわずか3年で立て直したのが、川村隆名誉会長と故・中西宏明前会長だ。カンパニー制の導入など、大胆な経営改革でV字回復を実現し、社内の雰囲気も一新された。

私は2014年に執行役社長兼COOに就任しお二人からバトンを受け継いだが、このころになると、逆にV字回復に貢献したカンパニー制の弊害も出始めていた。縦割り組織だ。カンパ

ニー間に連携はなく、組織の壁に阻まれ経営陣の意思が社員に伝わらないこともあった。カンパニーごとの"壁"が高い。全社的なチームワークがまったくないのだ。

「このままではダメだ。もう1回赤字を出したら、日立は潰れるぞ」という危機感から、大改革に着手した。9つのカンパニーを解体。14のビジネスユニット（BU）に再編成して、すべてを社長直轄とした。

改革は功を奏し、現在では売上10兆円、Adjusted EBITA率8％以上（2023年3月期決算）という成果が出た。メディアからは「日立の復活はすごい」「株価も好調で立派だ」と褒めていただける。社員も喜び、雰囲気も明るくなった。

だが、こういう時が一番怖い。危機感がなくなり慢心したとき、会社は再び赤字を出し、急降下していくのだ。グローバルで戦うなら、こんなことで満足してはいけない。チームとして進化できない組織は、あっという間に淘汰されてしまうからだ。

## ■製品提供に加え顧客課題解決 そして社会課題の解決へ

日立製作所は、製作所の名が示す通り、ものづくりの会社だ。1910年、創業1号製品「5馬力モーター（五馬力誘導電動機）」を発売して以来、電気機関車や冷蔵庫、テレビ、新幹線などさまざまなものをつくってきた。

1950年代あたりからIT技術に参入し、列車座席予約システムの開発な

ど、ITとプロダクト、それに付随する運用・保守も手掛けるようになったが、依然として、利益の源泉の主戦場を工場中心のプロダクトアウトとしてきた。この時代は生産者の原価低減、つまりリードタイムや労働者の労働時間の管理が重要なテーマだった。

だが、2000年前後、ITの登場で事業環境が変わる。協創と課題解決がテーマになり、商材はプロダクト単体に加えて、デジタル技術を活用したソリューションにシフトした。いわゆる「モノづくりからコトづくりへの転換」だ。「顧客が何に困っているか」をいち早く察知し、付加価値や解決策を先回りして提示すること、つまり「顧客理解」が重要になった。

そして今は、社会課題の解決が求められる時代だ。気候変動、フードロスや物流の2024年問題など……。これは1社だけでは解決できない問題ばかりだ。同業他社はもちろん、NPOや市民も巻き込み、新しい社会とはどんなもので、何が必要となるかを考えていかなければならない。必要なのは、アイデアだ。

では、アイデアはどのように生み出されるのか。鍵は「主体性」と「共感力」である。課題に直面したとき、「私だったらどうするか」と自分事として主体的に考え、共感力を持って「相手が求めているのは何か」を考えられるか。プロダクトの提供に加え顧客の課題や社会課題の解決が求められる今、課題を抱えた他者が求めているものに気づけるこの「共感力」こそ、ものづくりに不可欠なのである。そして、

図表1 改革に慢心せず さらなる進化を

2023年3月期

売上 10兆円
利益率 8％

を達成

↓

改革は成功し「稼げる会社」になったが、これで満足してはいけない

これを持つ人は必ず、素晴らしいチームワークを発揮してくれる。

## 自律分散型グローバル経営

こうした人財の力を活かすには、経営や会社組織のあり方も変えなければならない。さまざまなやり方があると思うが、一つのアイデアが「自律分散型グローバル経営」だ。「共通の経営資源」を共有することで、本社の意思決定を待たずに、自律的に事業展開していくシステムである。

これには3つのメリットがある。一つ目は、意思決定プロセスの迅速化だ。各地域の状況やニーズを一番よく理解しているのは現地だし、変化の激しい今、本社の指示を待っているようでは遅い。各拠点に権限委譲すれば、顧客へのレスポンスは速くなる。

2つ目は、リスク分散が可能になることだ。自然災害や紛争等の地政学リスクが顕在化し、ある地域の事業が止まっても他の地域や全体が共倒れすることがない。

3つ目に、段階的に拡張できることだ。日々オペレーションが動いている経営において、仕組みを一気に入れ替えることは難しい。だが、このシステムであれば一地域ずつ新しいところにインストールすることで、確実に広げていける。まずはアメリカ、続いて南米、などというように。

このやり方は、東京圏輸送管理システム「ATOS」から着想を得ている。ATOSはJR東日本に導入した列車運

図表2 プロダクトに加えてIT・OT（Operational Technology）、アイデアへ

| | プロダクト | IT×OT×プロダクト | IT×OT×プロダクト×アイデア |
|---|---|---|---|
| 鉄道分野の例 | 鉄道車両の製造 | ダイヤの回復 | MaaS |
| 利益の源泉 | 生産者の原価低減 | 顧客理解 | 消費者の価値を生むアイデア |

行管理システムで、それまで手動で行っていた電車の信号管理をコンピュータに任せ、輸送管理作業の効率化を図ったものである。私は茨城県の大みか工場（現事業所）に配属されていたとき、中央線の甲府駅から東京駅への導入と保守管理を担当した。このシステムは、ある駅のコンピュータがダウンしても、隣接駅のコンピュータが動いていれば、全体のシステムに影響しない設計だ。ダイヤが稠密な東京圏において、システム導入のために列車をすべて止めることなどできない。だがこの設計であれば、一駅ずつ入れ、着実に広げることで東京圏全体のシステム刷新が可能となった。

この考え方は経営に応用できる、と当時から自信を持っており、2014年、社長に就任したときの記者会見でも「自律分散型グローバル経営を推進する」と自信を持って申し上げた。

だが、最初は失敗だった。焦りもあったかもしれない。「これからは自律分散型グローバル経営でいく」と伝

えたところ、各拠点・BUは「フロントで自由にやっていいんだな」と誤解した。独自の事業に着手し始め、なかには「日立○○（国名）本社」と名乗る拠点も出てきた。そのため「自律分散型グローバル経営」の旗をいったん下ろさざるを得なくなった。

## 共通の経営資源をいかに確立したか

なぜ、失敗したのか。それは「自律型」という言葉が先行し、人事制度、IT基盤、研究開発、そして後述の「Lumada」など、企業として最も重要な「共通の経営資源」の確立と共有ができていなかったからだ。

まず、全従業員・組織が同じ方向を向く前提、すべての土台となる企業理念について、私は日立のグループ・アイデンティティとしてMISSION（企業理念）、VALUES（日立創業の精神）、VISION（日立グループ・ビジョン）の3つの浸透・徹底を図った。MISSIONとVALUESは不変だが、VISIONは

図表3 | 日立のMISSION、VALUES、VISION

**企業理念**
「優れた自主技術・製品の開発を通じて社会に貢献する」

**日立創業の精神**
「和・誠・開拓者精神」

**日立グループ・ビジョン**
「日立は、社会が直面する課題にイノベーションで応えます。優れたチームワークとグローバル市場での豊富な経験によって、活気あふれる世界をめざします」

時代によって変わる。今のVISIONは「日立は、社会が直面する課題にイノベーションで応えます。優れたチームワークとグローバル市場での豊富な経験によって、活気あふれる世界をめざします」だが、5年後10年後には別のものになっているかもしれない。

次に、経営理念を達成するための手段も共通化した。その代表が「Lumada」だ。日立の技術やノウハウ、データ、経験等のリソースを1ヵ所に集積した「Lumada」である。Lumadaとは「Illuminate（照らす）」と「Data（データ）」を組み合わせた造語で、日立や顧客の業務ノウハウやユースケース、顧客協創の方法論、製品やテクノロジーなどを蓄積、ショーウィンドウ化したものだ。

2022年にイタリア・ジェノバ市に提供した交通関連サービスも、Lumadaを活用した社会課題解決の事例の一つである。「スマートチケッティング」「フローマネジメント」「eモビリティソリューション」などを組み合わせ、都市全体をつないですべての交通機関をハンズフリーで使えるようにした。電車利用が増え、CO$_2$削減にも寄与している。

言うなれば、カチャカチャと組み合わせてどんな形もつくることができるおもちゃの組み立てブロックだ。ショーウィンドウにあるソリューションやテクノロジー等を現場が顧客の課題や地域の実情に合わせて組み合わせれば、ある程度の完成度のものを早くつくることができ、その上でカスタマイズし、納める。これにより、ゼロから開発するよりも迅速に提供できるのである。

## 生成AI活用の要は領域ごとの業務知識

Lumadaのショーウィンドウには過去のさまざまなノウハウやソリューションが並ぶが、現在は、生成AIをどう活用するかを議論している。

ただ個人的には、現状では漠然と生成AIを導入しても活かせないと考えている。生成AIは、業務に関する高度な専門知識を持ち業界に精通した人、すなわちドメインナレッジを持った人が、正しく使ってはじめて、活きるものだからだ。

正解がわかりやすいものなら話は早い。つまり過去のデータが豊富にあり、ルールが明確化されている領域だ。たとえば法律。「判例をもとに判決文の案をつくれ」と命じれば、すぐにいいものをつくるはずだ。会計も同じだろう。

あるいは、工場の最適化などには活用できるかもしれない。ヨーロッパや中国、日本など各地域の工場で100万台を生産していたとする。災害や地政学リスクでどこかの地域のラインが止まったとき、「100万台を50万台と50万台に分けて、かつロジスティックスのコストがミニマムになるように最適配置しろ」と問えば、過去のデータを参照しながら最適解を出せるだろう。

だが、答えがないものは生成AIの使い方に工夫が必要だ。例えば「鉄道を安全かつ正確に運行するには?」「効果的な電力送電システムは?」などだ。決まりきった答えがないから、質問の仕方が重要になる。アウトプットしたいものをきちんとイメージできることが効果的な質問に重要なため、豊富なドメインナレッジが必要になるのだ。

また、生成AIは消費電力がかさむ。このまま生成AIが広がると2030年に消費電力量が6倍以上に、2050年には1000倍以上になるという試算もある。それを現在の発電システムと再生エネルギーで賄えるかというと難

しく、そこは、原子力発電も含めた電源構成に関する社会的議論が必要になるだろう。

だが近い将来、生成AIを有効活用できる日が必ず来る。日立には鉄道事業や送電事業、産業インフラ事業など多くの分野でオペレーショナル・テクノロジー（OT）を持っている。Lumadaを駆使しながらこのドメインナレッジを活かす日が来れば、かなり面白いことになるのではないかと期待している。

**PROFILE**

東原 敏昭（ひがしはら・としあき）

1955年徳島県生まれ。1977年株式会社日立製作所に入社。日立市・大みか工場（現事業所）で検査部（現品質保証部）に所属。電力・電機グループ大みか電機本部交通システム設計部長など務めたのち情報・通信システムグループCOO、ドイツ・日立パワーヨーロッパ社長などを歴任。2014年執行役社長兼COOに。2021年執行役会長兼CEO、2022年取締役会長代表執行役に。現職。経団連副会長や日本科学技術振興財団理事長を兼務し、企業による社会課題解決や科学技術教育支援にも力を入れる。著書に『日立の壁』（東洋経済新報社）。

## 新たな文化を創造し 世界で戦う

ただし、AIが進歩したからこそ、今一度人間の幸福とは何か、人間の倫理・哲学を考え直す必要がある。例えば企業で言えば「社員が日々、やりがいを感じているか」だ。やりがいとは、社会に参加することで生じる比較的単純なループで育まれると思っている。社会に参加すると、社会課題に主体的に向き合える。課題に向き合えば、知識と技術をフル活用して解決に取り組もうとするはずだ。もしそれによって社会や誰かに感謝されれば嬉しくなる。嬉しくなれば「よし、またやってやるぞ」と次の挑戦を始める。このループがやりがいを生むのだ。つまるところトップの役割とは、社内にこのループを持つ人を何人つくれるかだと思う。

社員がやりがいを感じているか、仕事がうまくいっているかを測るのは簡単だ。現場を見ればいい。そこで兆候をつかみ取るのだ。

まず、整理整頓ができているか。工具や部品が散らかっていてうまくいっている工場は見たことがない。ネジが一つ落ちているだけで「ああ、うまくいってないな」とわかる。

開発や設計部門では、机や床に落ちた「髪の毛」の本数を見る。私にも経験があるからわかるが、仕事がうまく行っていないとき、エンジニアは頭を掻くのだ。机や床に髪の毛がたくさん落ちているということは、つまり……。

喫煙所に顔を出してみることも大事だ。私はタバコを吸わないが、リラックスできる場所ではたいてい本音が聞けるものだ。

現場がうまくいっていない兆候を見つけるのは、トップの仕事だ。私は日立に勤めて46年になるが、30年以上は現場だった。部長や海外支社の社長になったときも、ずっと現場を回っていた。グループの社長のときも会長になった今も、回数は減ったが、なるべく現場に行っている。海外に行くときも、まずは現場へ向かう。

若手との対話も重要だ。2ヵ月に1度、30代の社員2名ずつと直接対話をしている。世間話から始まって3時間程度、さまざまな意見交換をする。会長になってから3年が経ち、延べ30名くらいになっているが、彼らはエバンジェリスト（伝道者）として、社内に考え方を広めてもらっている。

「グローバル経営」といっても、欧米のまねをするだけではグローバル競争には勝てない。欧米のいいところもあるが、共感力に優れる点やきめ細かなサービス、匠の技など、日本ならではのいいものがある。「自分たちの会社は自分たちでつくる」という意識のもと、何を変えて何を変えないのか、徹底的に議論をしながら新たな文化を創造していくことが重要である。「優れた自主技術・製品の開発を通じて社会に貢献する」という不変の企業理念のもと、多様で強い「個」がチームワークで結束し、世界で戦う。これが日立の目指すところだ。●

# 判断軸は「時間×地域×サプライチェーン」
# 人や社会の役に立つクルマを。
# 創業の原点が示す指針

1920年、マツダ株式会社は広島で産声をあげた。一時は経営不振に陥り、海外自動車メーカーの傘下となるも、
ものづくり革新で日本トップクラスの自動車メーカーとして再び浮上。その地位を不動のものとしている。
数々の節目を乗り越え、また自動車産業が現在直面する市場環境の変化にあっても、
経営の判断軸は創業の原点にあるという。同社の歴史とともに、その判断軸の成り立ちをひもといていく。

Photo: Yoshiro Masuda　Text: Yoshie Kaneko

## 菖蒲田 清孝

マツダ株式会社 代表取締役会長

## 戦後広島の復興を誓う
## "a pride of Hiroshima"

　創業からこれまで、マツダ株式会社の歴史は紆余曲折があったが、経営の判断軸の基本は変わらない。それは、「企業として人々や社会の役に立ち、その見返りとして利益を得る」という創業の原点の遵守だ。

　もう少し具体的に要素分解するならば、「時間軸」と「地域軸」という2つの軸に分けられる。どの時代やタイミングにおいて、どこで商品を売るか──。当社の歴史を振り返ると両視点の重要さが見て取れる。

　マツダのものづくりの出発点は1931年。記念すべき第1号の自動車は3輪トラックDA型だ。創業者・松田重次郎を始めとする経営陣は、人力車や馬車に代わる効率的な輸送手段が世間で求められていることを踏まえ、安価で頑丈、小回りの利く3輪トラックに着目したのだ。

　戦後の復興期の1949年には新型3輪トラックGB型を発売。そのパンフレットには "a pride of Hiroshima" というフレーズを掲げた。広島は戦争で壊滅的なダメージを受けたが、ここに拠点を構える企業として「私たちはどんな困難にも屈しない」「地域とともに未来へ進んでいく」という決意表明をしたわけだ。

　これもまた「戦後の復興期」という時間軸に「広島」という地域軸を掛け合わせた、我々なりの経営判断といえる。その時々で人々が求めるものを提供して、社会の繁栄に貢献する。この姿勢こそ、自分たちが一番大切にすべき原点ということだ。

　その後、1960年にR360クーペの

3輪トラックGB型のパンフレット。黄文字で「a pride of Hiroshima」とある。

販売を開始し、宿願ともいえる乗用車市場に進出。このときも庶民に手の届く低価格とし、人々のマイカーへの夢を現実に近づけた。

少し道を外したのが、1970～90年代だ。モータリゼーションの拡大を受けて「数は力」の発想に偏り、結果として経営が傾き、1996年にフォード傘下に入った。

## フォードからのメッセージが原点に立ち返るきっかけに

フォードとの資本関係は2016年に解消されたが、傘下に入ったことで得たものもある。その一つがアイデンティティの再構築だ。

1996年にフォード出身の当時の社長が幹部社員を集めてマツダビジネスリーダーデベロップメント（MBLD）という教育会議を行った。その冒頭でブランドエッセンスビデオが流された。最初はどんな厳しいことを言われるかと身構えたが、いい意味で予想外の展開となった。

ビデオは少年がミニカーを手にはしゃいでいる場面から始まり、「ある日、人は生まれ、感動的な体験をする」という字幕が流れる。そして、スクリーンには歴代のマツダ車が登場。「運転することは自分を表現すること」「さあ、心がときめくドライビング体験を。私たちとご一緒に」

わずか3分間の映像だったが、途轍もない衝撃を受けた。自分たちは何のためにクルマをつくっているのか、お客様にどんなクルマを届けたいのか

という、忘れかけていた原点をもう一度思い出させる魔法の力があった。

ここから生まれたのが、2002年から世界展開したマツダのブランドメッセージ "Zoom-Zoom" だ。Zoom-Zoomとは英語で「ブーブー」を意味する子どもの言葉で、「子どもの時に感じた、動くことへの感動」、いわば走る歓びを人々と分かち合いたいという願いが込められている。

拡大路線で販売チャンネルを多様化したことと引き換えに、部品の共有化＝商品の画一化を招き、マツダの特徴が見えにくくなっていた。その状態に活を入れ、改めて世のため人のため、マツダは何で社会に貢献するのかということを自問するきっかけを与えられた。まさに原点に立ち返ることができたわけだ。

## ものづくり改革に挑んだ我慢の5年間

2006年からはマツダ独自の「モノ造り革新」に着手した。「サステイナブル "Zoom-Zoom" 宣言」を策定し、$CO_2$削減など環境に配慮した技術開発に取り組んで、5年の間に世界一のクルマを開発する方針を打ち出した。世界一というのは数の勝負ではなく、「世界でいちばん走って楽しいと思える」クルマのことだ。

2011年までの5年間、新車リリースはゼロ。一度広げたラインナップをシュリンクさせることは怖くもあったが、思い切って一歩を踏み出せたのは、「自分たちがつくりたいクルマをつくろう」

というものづくりの原点に立ち返ったからだ。生産にまでフォードに踏み込まれてなるものかという意地もあった。

それまでは開発チームがつくった設計書に、生産技術チームが製造効率を加味して手を入れていた。そのプロセスを見直して、初期段階から開発と生産技術が連携し、5～10年先を予想し、1つの開発／生産コンセプトを全車種で共通化し、ラインナップ全体を企画する「一括企画」へと切り替えた。これまでの既成概念やセオリーを捨て、抜本的な技術革新を断行するという究極の難題に全社一丸で取り組んだのだ。

工場の従業員の意識も変わっていった。生産性や作業効率ばかりを追求すると、「作業時間を1秒削減することでいくらのコストダウンにつながったか」という思考に陥る。しかし、難易度が高いながらも魅力的なデザインにモチベーションが掻き立てられ、金型を変えるなどの提案が現場から自発的になされるようになった。要は、仕事に取り組む際の視線が「コスト」でなく「お客様」に向かっていったわけだ。

こうした試行錯誤の結果、生まれたのが高い走行・燃費性能を実現するSKYACTIV技術だ。

我慢の5年間を経て、2012年に満を持してリリースしたのがSUVのCX-5。社運を賭けた大勝負だ。本当に売れるだろうかという不安もあったが、発売されるや大反響を呼び、国内外で高い評価をいただいた。胸をなでおろしたと同時に、「誰のためにどんなクルマをつくるのか」という原

点の大切さを改めて噛み締めた。

## 大きな流れに逆らわないが流されないようにする

CX-5以降の商品群でも、開発や生産設備投資の効率化、大幅な車両コストの改善を図ると同時に、人間中心の設計思想を織り込んだクルマづくりを徹底してきた。

2017年には「サステイナブル"Zoom-Zoom"宣言2030」を策定し、Zoom-Zoomの精神は今につながっている。「人馬一体」の走る歓びを追求しつつ、安全性と環境対策にもしっかり応えるというのが、2006年からのものづくり革新の成果ということだ。

近年では特に電気自動車（EV）への注目が高まっているが、2030年頃までのEV時代への移行期間には、内燃機関、電動化技術、代替燃料などさまざまな組み合わせとソリューションを持ち、国や地域の電源事情に応じて、適材適所で提供していく「マルチソリューション」のアプローチが有効と考えている。

そこで我々が採ったのが、内燃機関の環境性能を抜本的に改善し、その上に先進の電動化技術を積み上げていく「ビルディングブロック戦略」だ。これは各国のエネルギー事情や環境規制の動向に柔軟に対応し、すべてのお客様に走る歓びと優れた環境・安全性能を提供し、それによって$CO_2$の総排出量の低減を目指すという発想だ。

我々もEVを手掛けてはいるが、現時点ではEVがすべてではないということ。この状況で自動車メーカーが横並びでEV開発に注力すると、コモディティ化が進んで価格競争を招く可能性もある。

あえて一歩引いて、市場と社会の動向をじっくりと見極めていく。いつ、どの地域で、どんなクルマが求められるのか。時間軸と地域軸を掛け合わせて、必要とする地域に、必要なタイミングで、必要なクルマを提供していく構えだ。

現在、自動車業界は、GX（グリーントランスフォーメーション）、DX、多様性確保、CASE（Connected ／コネクテッド、Autonomous ／自動運転、Shared & Services ／カーシェアリングとサービス、Electric ／電気自動車）といった課題に直面している。先の見通しが難しい時代だからこそ、これらの課題＝手段を「人々の幸せ」という目的で捉え直すことが重要だ。大きな変革の流れに逆らってはいけないが、流されないようにすることが肝心だ。

自分たちは何のためにクルマをつくるのか——。その答えはあくまで「マツダに関わるすべての人を笑顔にするため」。この軸を揺るがせにしてはならないと、常に念頭においている。

図表1　開発・生産が連携する「一括企画」に切り替えた

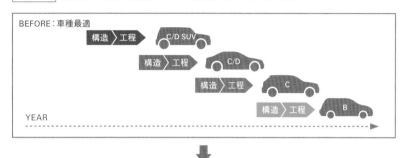

これまでの、車種ごとの開発から、開発—生産が連携し、一つの開発・生産コンセプトを全車種で共通化し、ラインナップ全体を企画。

図表2 | 2023年春に新たに策定した企業理念と2030 VISION

### 企業理念

PURPOSE: 前向きに今日を生きる人の輪を広げる
PROMISE: いきいきとする体験をお届けする
人の顔、身体、心を活性化する
コミュニティと共に
VALUES: ひと中心／飽くなき挑戦／おもてなしの心

### 2030 VISION

「走る歓び」で移動体験の感動を量産するクルマ好きの会社になる。

1. マルチソリューションで温暖化抑制に取り組み、持続可能な地球の未来に貢献する。
2. 心と身体を見守る技術で、誰もが安全・安心・自由に移動できる社会に貢献する。
3. 日常に動くことへの感動や心のときめきを創造し、一人ひとりの「生きる歓び」に貢献する。

## 顧客の期待に応えるため
## 社員の力を最大活用する

時間軸と地域軸のほかにもう一つ、昨今の社会情勢を反映するならば、「サプライチェーン軸」をプラスすることも必要だろう。

労働者人口の減少、グローバル化、経済安全保障の確保、経済活動と環境保全活動の両立など、サプライチェーンを巡る動きが緊迫化している。何をどこでつくるか、部品をどう調達するかということも考えていかなければならない時代だ。

現に、コロナ禍で人とモノの流れが止まり、生産停止を余儀なくされた企業が少なくない。そうした事態を避けるため、効率的にサプライチェーンを回すこと、ものづくり構成の再考が迫られている。

特にEVは電池調達など、サプライヤーが多岐にわたる。個社だけで考えるのではなく、異業種を含めたさまざまな企業との連携が求められる。競争するところと協調していくところを切り分ける必要があるだろう。

人々の消費行動も変化していて、求めるものが「機能性」から「意味あるもの」へとシフトしつつある。クルマも例外ではなく、数を追わずに、私たちのクルマを評価してくださるお客様を大切にしたい。それには期待に応える、あるいは期待を超えるクルマづくりを真摯に続けるしかない。

そこで重要なのは社員の力を最大限活用することだろう。すべての従業員がそれぞれの持ち場で力を発揮するにあたって最も問われるのが「働きがい」である。マツダは人を大切な資本と考える人的資本経営を実践しており、従業員の幸せの追求もまた一つの経営課題といえる。

まずは、会社としてどこを目指しているのか、どんなクルマをつくろうとしているかを、全従業員に理解してもらうことだ。トップダウンの指示は、メンバーの主体性を失わせる可能性がある。目指す方向を理解してもらい、自らが考えて行動することで、仕事に魂がこもり、組織力も高まる。

先述したMBLDもその取り組みの一環だ。まず経営陣が幹部に対して会社の方針や方向性を伝え、幹部はそれを部門レベルに咀嚼してメンバーに伝える。

MBLDは2001年以降毎年実施している。特に世の中の変化が大きいときは、不安を抱く従業員も多いだろう。こういうご時世こそ会社の方向性を明示して、丁寧にコミュニケーションすることが求められる。

日々業務に追われていると、つい「手段」に走ってしまいがちだが、何のためにその仕事をするのか、仕事を通じて社会にどんな価値をもたらすのかという「目的」に立ち返ることが必要だ。そうして従業員の働きがいを高めることが、経営者の最も重要な役割ではないかと思う。

## 何を優先すべきか
## 意識を変えた出来事

こうした考えに至ったのは過去の経験からだ。

一つは、フォード傘下にあった2001年に実施した早期退職優遇特別プランである。創業以来、初の人員整理だった。当時、生産技術のマネジャーだった私は、職場の仲間150人、一人ひとりと面談をする役目を担ったが、これは本当につらかった。改めて振り返れば、社内に危機感が生まれ、一人ひとりの意識改革を促したという意味でメリットはあった。しかし、雇用に手をつけることは二度と繰り返してはいけないという貴重な教訓を得たのも事実だ。企業は雇用を守らなければいけないことを痛感した出来事だった。

また、2004年12月に起きた宇品（広島）の塗装工場の火災も忘れられない。原因は静電気だったが、可燃物の塗料に引火し、計9234平方メートルが焼損。適切な避難で幸い1100人ほどの従業員は全員無事だったが、製造停止を余儀なくされた。

そのころ私は車両技術部長で、復旧の陣頭指揮を執る立場にあったが、工事の安全を確保するため復旧に8ヵ月かかると当時の社長に報告したところ、大変なお叱りを受けた。「塗装工場が止まるということは、注文いただいているお客様を待たせるばかりか、マツダの部品を製造する取引先の仕事もなくなるということ。そんな悠長なことは到底許されない」と。確かに自分は復旧現場のことしか頭になく、お客様や取引先を向いて仕事をしていなかったと猛省した。

社長は翌年の連休明けに再稼働すると公言。ならば連休前に再稼働してみせようと頭を切り替え、工場のメンバーや設備会社の方々と計画を練り、設備機器を搬入前に事前施工するというアイデアも生まれた。その結果、目論見通り連休前に復旧できる見通しが立ったのだが、その途端に気持ちが楽になったことに我ながら驚いた。

仕事で見通しを立てることが、いかに重要かということだ。「わかる感」と「できる感」が「やるぞ感」＝意欲を生む。この3つのステップが大事だという学びを得たわけだ。

## CSなきESは無責任
## ESなきCSは不毛

さらに、2008年から2年間、タイの生産会社の社長を務めた際の労働争議も得難い経験だった。工場の組合長が自らの名声を上げたい一心で高い給与を要求し、まったく妥協してくれない。やむなく工場封鎖に踏み切ったが、そのとき「CS（顧客満足）なきES（従業員満足）は無責任。ESなきCSは不毛」という真理を得た。お客様を大事にすると同時に、しっかりしたコミュニケーションで従業員も大事にしなければいけないと肝に銘じた。

企業を動かしているのは経営者でなく、従業員だ。一方で、経営者の考えを従業員が理解して初めて成果が実る。トップダウンが必要なときもあるが、トップダウンだけで仕事をさせていると従業員は考えることをやめてしまう。十分なコミュニケーションで仕事の質を高めることが重要だろう。

そういった意味でも、創業の原点を心に刻む必要があるわけだ。企業が人々や社会の役に立ち、その見返りとして利益を得るという基本に立ち続ける。マツダにとっては、それが真にサステイナブルな企業経営を実践するための唯一解といえよう。●

**PROFILE**

菖蒲田清孝（しょうぶだ・きよたか）

1959年広島県生まれ。1982年東洋工業（現マツダ株式会社）に入社。車両技術部長、防府工場副工場長などを経て、2008年に執行役員に就任、オートアライアンス Co.,Ltd.（タイ）の社長に。執行役員技術本部長、常務執行役員グローバル生産担当・グローバル物流担当、専務執行役員などを歴任。2016年取締役品質・ブランド推進・生産・物流 統括を経て、2021年代表取締役会長に就任。現職。

YKK™

Little Parts. Big Difference. »»»

ウラから見ると
ファスナーの仕組みが
わかるよ!

ゆびはさみ
ちゅうい!
CAUTION!

# How a zipper works

ファスナーがかみ合う仕組み

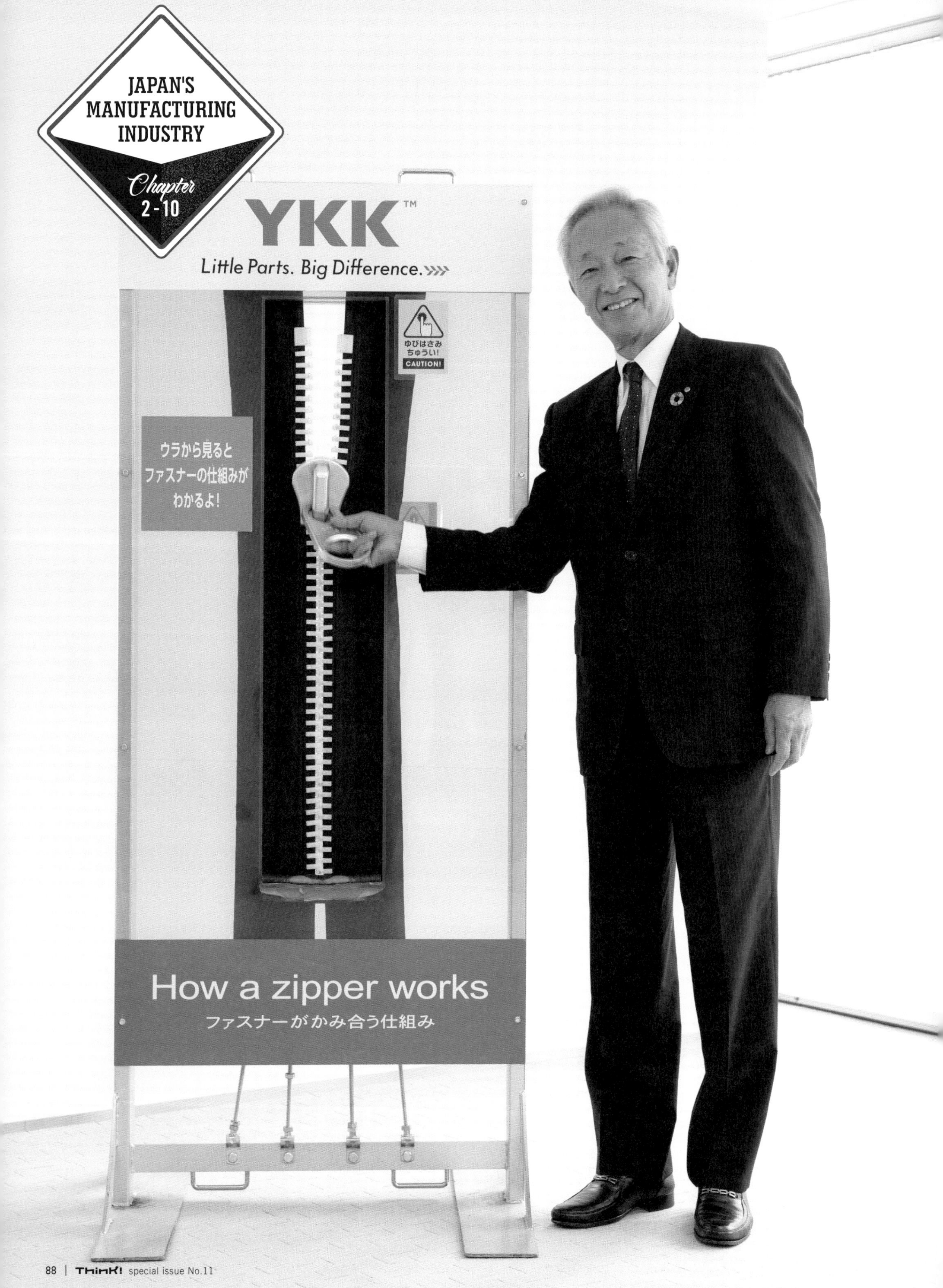

ファスナーのスタンダード市場への挑戦

# 市場変容と顧客ニーズに寄り添い ものづくり戦略を柔軟に再定義

世界72の国と地域で展開するYKK株式会社のファスニング事業。

創業以来、品質を重視する高付加価値路線で成長を遂げてきたが、アパレル産業のグローバル化や

ファストファッションの台頭で軌道修正を迫られ、低コスト・短納期にチャレンジして成功を収めた。

それでも品質へのこだわりは捨てない同社。ものづくり哲学の根底にあるのは、創業者が唱えた「善の巡環」だ。

Photo: Takafumi Matsumura  Text: Yoshie Kaneko

## 猿丸 雅之

YKK株式会社　代表取締役会長

### ■ 構造変化の節目ごとに 迫られてきた戦略の再定義

　YKKグループが展開するファスニング事業もAP（建材）事業も、部材の製造という点で共通している。それそのものが最終商品になるわけではないし、いずれも最終商品を構成するごく一部に過ぎない。ファスナーについていえば、衣類の製造原価のうち、ファスナーが占めるコストはわずか1〜1.5%だ。

　しかしながら、ファスナーが壊れたら服でもカバンでも用をなさなくなる。ファスニング事業のタグラインは"Little Parts. Big Difference."。日本語でいえば、「たかがファスナー、されどファスナー」。部材の一部であり

ながら商品全体の価値を左右するものであるだけに、1934年の創業以来、品質重視の姿勢を貫いてきた。材料から製造設備、製品まで、自社で手掛ける一貫生産の仕組みで、品質管理とコスト最適化を実現してきたのである。

　だが、市場や社会の構造変化は著しい。我々のものづくり戦略も節目ごとに再定義を迫られてきた。

### ■ マーケットが求めるものに 逆らうわけにはいかない

　ファスニング事業は72の国・地域で展開しており、商いの比重は海外が約9割と圧倒的に大きい。背景にあるのは、アパレルメーカーのグローバ

ル展開だ。ニーズにきめ細やかに応えるには顧客の近くにいることが重要と考えて、海外の拠点を増やしてきたわけだ。

　マーケット需要は地域で異なっている。ヨーロッパではハイファッションと呼ばれる高級ブランド、米国では自動車シートといった汎用資材等を中心に当社の商品が求められている。当社ならではの品質の高さや優れた供給力を評価いただいている。スポーツアパレルなどでは機能性が求められるので、開発にも力を入れている。

　歴史を振り返っても、これまでさまざまな対応をしてきた。

　1980年代半ば以降には、多品種少量生産への流れが加速し、高級ブランドメーカーから価格に見合うように

差別化されたファスナーの要望が出てきた。そこで、高付加価値商品の開発に取り組んだ。信頼性のあるYKKのファスナーを使いたいという顧客の声に応える形で事業を拡大し、海外展開も進んだ。

アパレル産業の構造変化が生じたのが1990年代だ。このころから生産地が日本、米国、ヨーロッパといった先進地域から、中国などアジア地域などへと急速に移動していった。中国でもファスナーメーカーが現地で次々と生まれ、安価なファスナーが市場に流れ込んだ。

さらに大きな変化が、2000年頃から台頭したファストファッションだ。ファストファッションの特徴は低価格、多品種少量、短納期で、商品そのもののライフサイクルも短い。

当初はその仕立てを見て、消費者の支持は得られないだろうとも言われていた。しかし、値段が手頃でデザインもよく、バリエーションも楽しめるということで、爆発的な人気を得るに至った。

我々は、例えば1万回の開閉に耐えるほどの品質レベルでものづくりに臨んできた。しかし、服そのものがワンシーズンで買い換えられるようなファストファッションの世界にあっては、そこまでの開閉は必要ない。

「1万回の開閉に耐えるものより、安いものをつくってほしい」というのが当時の顧客からの要望だ。我々の品質への考え方を見直すことになった。

アパレル業界の潮目は明らかに変わった。品質のよい商品を、相応に競争的な価格で提供するというのが、我々のそれまでの商売の本質だったが、それを見直すことが求められたのだ。

しかし、マーケットが求めるものに応えなければならない。悩みながらも戦略を修正し、ビジネスモデルの変革を進めていった。

具体的には、開発・提案力の強化に取り組んだ。開発拠点を世界各地に複数構え、顧客のニーズを吸い上げると同時に低価格にも取り組み、

<br>

**図表1　YKKの市場の捉え方**

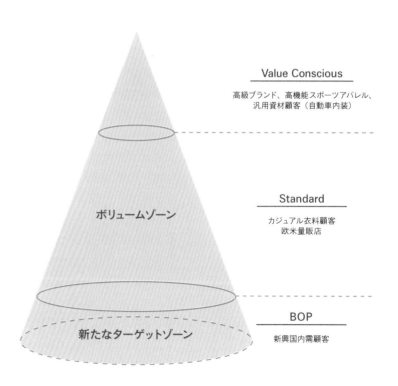

「更なる量的成長を目指して」

Standard向けの商品＆
ものづくりへの挑戦

「Standardでの競争力強化」

～より良いものを、より安く、より速く～

Value Conscious
高級ブランド、高機能スポーツアパレル、
汎用資材顧客（自動車内装）

Standard
カジュアル衣料顧客
欧米量販店

BOP
新興国内需顧客

ボリュームゾーン

新たなターゲットゾーン

短納期にも対応できる体制を整えた。

## ローテク商品をハイテクで
## つくり上げるのがYKKの矜持

2000年代に入ると世界のアパレル市場が拡大したが、当社の年間ファスナー販売数量は70～75億本のまま推移し、伸び悩んでいた。そこで我々は、2013年ごろからまた新たな戦略を打ち立てた。最大のボリュームゾーンを「スタンダード」と位置付け、ここに挑戦しようというものだ。高付加価値の路線は「バリューコンシャス」として、両者を切り分けることにした。

2013年度にスタートした第4次中期経営計画では、事業本部方針として販売数量「100億本」を掲げた。「100億本」という具体的な数値目標を中期経営計画で明示するのは、YKKにとって初めてのことであった。市場の急速な拡大に対応していくことが、喫緊の課題であると認識したことの表れである。

100億本を実現するには、既存体制の延長戦で事業を進めるだけでは限界があり、ボリュームゾーンでの競争力向上や、ファストファッションへの対応が重要になる。加えて、特に拡大するアジア・中国市場における販売の増加は、重要なテーマであった。

このスタンダードへの対応は、コストダウンへの過酷なチャレンジであった。ここで威力を発揮したのが一貫生産の仕組みだ。材料・設備・製品の製造というフェーズごとに改良を重ね、コスト圧縮を実現することができた。

**PROFILE**

猿丸雅之 (さるまる・まさゆき)

1951年兵庫県生まれ。1975年にYKK株式会社入社。YKK U.S.A.社勤務やファスニング事業本部ファスナー事業部グローバルマーケティンググループ長などを経て、2007年上席常務ファスニング事業本部長に。取締役副社長ファスニング事業本部長を経て、2011年代表取締役社長に就任。2017年代表取締役副会長、2018年より代表取締役会長を務める(現職)。2020年YKK AP株式会社取締役に就任(現任)。

これにより、2018年度のファスナー年間販売数量が初の100億本を突破した。2013年度以降、量的成長を目指して事業競争力の強化に取り組んできたが、その取り組みの成果として現れた。

100億本達成は創業85年目、海外進出60年目での実現となった。

一方で、中長期視点の技術開発も重要である。そこで、2021年度にはテクノロジー・イノベーションセンター(TIC)を新設した。繊維材料といったサステナビリティを推進する独自の研究開発など、革新的な技術で将来の製品開発に資する研究を進めている。

そもそもファスナーはローテク商品で、構成部品は噛み合わせ部分のエレメント、手で持って動かすスライダー、布部分のテープのたった3点だ。このローテク商品を、技術やノウハウを結集してハイテクでつくり上げる。ここにこそ我々のものづくりの矜持が

あると考えている。

## 事業戦略本部を新たに設置
## サステナビリティへの対応も

アパレル業界のグローバル化やファストファッションの台頭といったマーケットの変遷に加え、近年はさらに新たなファクターが出現し、事業環境を複雑化させている。

その一つが地政学的リスクだ。目まぐるしく変わる世界情勢の先行きに、できる限り目配りすることも経営課題といえるだろう。

もう一つ、サステナビリティへの対応も大きなテーマだ。アパレル産業は大量生産、大量廃棄が環境に負荷をかけていると問題視されるようになった。Z世代を中心に消費者の意識も変わりつつある。

YKKグループでも2050年のカーボンニュートラルの実現を掲げ、2030年

までに温室効果ガス排出量をScope
1,2で50％削減（2018年比）、Scope
3で30％削減（2018年比）する目標を
立てている。すでに再生材を利用し
た循環型ファスナーやスクラップ材
からつくった金属でファスナーをつくると
いった技術開発に取り組んでおり、
環境経営を推進して顧客企業や社会
に貢献していく所存だ。

世界情勢と事業環境の急激な変化
を受けて、組織再編も行った。2021
年度には、それまでの事業本部制か
ら機能別に組織を配置する、いわゆ
るフラットな体制に変更した。これに
より、「One YKK」で取り組む社内意
識が高まった。

2023年度からは、事業戦略を効率
的かつ迅速に推進するため、事業戦
略本部を新たに設置した。この本部
が中心となって、ファスニング事業全
体の機能（営業、製造・技術、管理）
をつなぐ横串の役割を果たし、全体
の事業戦略を描き、実行していく。

また、従来の営業本部を営業の機
能別戦略に特化した組織へと再編
し、本部機能を海外縫製の最前線で
あるベトナムに移した。より縫製地に
近い場所での営業戦略を立案・遂行
する体制を整えるためだ。その上で、
事業戦略本部と営業本部の2つは連
携していく。

## ■ 壁打ちの相手を持ち
## ■ 広い視野で経営判断に臨む

アパレル産業や消費経済の変化、
また地政学的リスクやサステナビリ

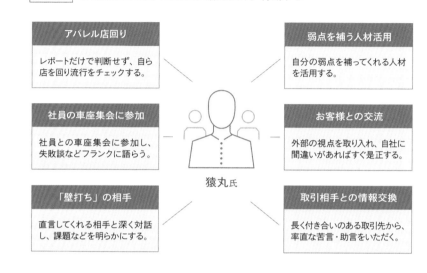

図表2　多方面に目を開くために人脈を広げ、行動する

**アパレル店回り**
レポートだけで判断せず、自ら
店を回り流行をチェックする。

**弱点を補う人材活用**
自分の弱点を補ってくれる人材
を活用する。

**社員の車座集会に参加**
社員との車座集会に参加し、
失敗談などフランクに語らう。

**お客様との交流**
外部の視点を取り入れ、自社に
間違いがあればすぐ是正する。

**「壁打ち」の相手**
直言してくれる相手と深く対話
し、課題などを明らかにする。

**取引相手との情報交換**
長く付き合いのある取引先から、
率直な苦言・助言をいただく。

猿丸氏

ティへの取り組みなど、近年、事業環
境は極めて複雑化している。課題を
解決する以前に、課題の把握そのも
のが難しくなっているのが現状ではな
いだろうか。

こうした状況で、経営判断をどう下
していくべきか。

私が社長をしていたときは、部下か
ら上がってくるレポートに加え、顧客
とできるだけ直接関わって、そこから
得られる情報も参考にしていた。会長
となったいまも、社長時代ほどではな
いがアパレル店回りは続けており、流
行りのデザインをチェックしている。

また、自分の課題意識に対して的
確な直言、助言を返してくれる“壁打
ちの相手”を持つことも重要だ。

まずは社内に直言してくれる部下が
いればよいが、いない場合は適切な
人材を適切なポストに据えることも必
要だろう。社長就任時に、私は自ら

が不得意とする領域に強い人材を
引っ張ってきて、社長直轄の組織の
トップになってもらった。その人から
は時に苦言ももらったが、おかげで
視野を広げることができた。

何より大事なのが、お客様との交
流だろう。世の中の動きを知る、ある
いは自社を客観的に評価する助けと
なるのが顧客の視点だ。外部の目は
非常に有効で、仮に自社の取り組み
に間違いがあったとしても早く気づけ
るし、方向修正も素早くできる。

長くお付き合いいただいている方の
中には、いまも交流してアドバイスを
仰ぐ方もいる。最も有意義な発言をし
てくれるのは、お客様をおいてほかに
いない。

経営を預かる者は、とにかく多方
面に目を開くことだ。例えば、取引会
社との交流でも、デジタル技術の動向
が垣間見えることがある。情報収集

の質を底上げしてくれる、そんな人脈はできるだけ持っておくことに越したことはない。

## 顧客が求める品質の担保がメーカーの義務

YKKのビジネスの根底にあるのが創業者・吉田忠雄の唱えた「善の巡環」だ。事業活動の中で創意工夫を凝らし、常に新しい価値を創造することで事業を発展させることが、お客様や取引先の繁栄、ひいては社会貢献につながるという考えだ。利益は「お客様」「関連企業」「自社」で三分し、自分たちが得た利益でさらに社会に役立つものを開発していこうという「成果三分配」の教えもある。

お客様やパートナーの繁栄がなければ、社会の繁栄はなく、我々自身も繁栄できない。これはトップも現場の担当者も含め、全社的な判断の基準になっている。

現に、スタンダードへの挑戦の際もそうだった。コストダウンは図ったが、ものづくりに手抜きはしていない。

アジアの各国ではジーンズはまだまだ高級品である。お客様がようやく貯めたお金でジーンズを手に入れても、ローカルメーカーのファスナーではすぐ壊れて使い物にならなくなってしまう。やはりスタンダードでもYKKの品質を担保できる部材を納めるのが我々の義務だろうと考えた。

こうした対応は、まさに善の巡環の思想につながっている。ファスナーの販売数量に対する挑戦は、善の巡環

の実現という意味もあったわけだ。

最近は、ファスナーの引手にYKKのロゴが刻印されなかったり、あるいはアパレルメーカーのロゴが刻印されたりすることもあり、一見しただけではYKKのファスナーかどうかわからないことも多い。しかし、できるだけ多くのお客様に商品を使っていただくことがメーカーとしての本義といえる。ブランド表示のいかんにかかわらず、お客様の求める品質を市場に提供していきたい。

## 理念を実践哲学とするため車座でフランクに語らう

善の巡環の理念を、単なるお題目ではなく実践哲学とするため、私自身、国内外で開催する車座集会などで、社員との対話の機会を多く持つようにしてきた。

といっても、難しい話をするわけで

はない。何でも質問してもらい、それに対して自分の失敗や学びを織り交ぜつつ、理念の本質を理解してもらうことを心掛けている。大上段に構えずにやっていくほうが、こういうものはかえって浸透していくのではないかと考えている。

YKKの理念の継承・浸透を目的とする経営理念研究会の活動も功を奏して、海外を含めたグループ社員は経営理念に理解・共感を寄せてくれている。例えば米国の統括会社のトップはアメリカ人だが、善の巡環をもとに現場の担当者が実践しやすいよう25の基本行動指針を率先して策定してくれた。

理念がグループのすみずみにまで浸透することで、事業によい影響をもたらす。企業価値を高める風土づくりもまた、経営者やマネジメントの重要な使命といえるだろう。🔊

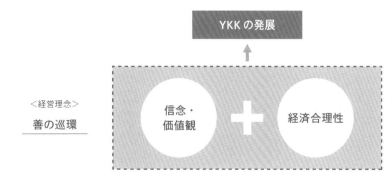

図表3　信念・価値観と経済合理性を兼ね備えた経営哲学

「善の巡環」の二面性

YKKの発展

＜経営理念＞
善の巡環

信念・価値観 ＋ 経済合理性

小野桂之介　吉田忠雄生誕100年記念出版
『YKK創業者吉田忠雄とその経営哲学「善の巡環」を語る』より

場づくり　人材育成　一隅を照らす

## JMAのミッション③

# 「一隅を照らす」
## 善行に努力する人・工場を表彰する

「一隅を照らす」とは、与えられた持ち場や役割を誠実に務めることで
企業や社会になくてはならない存在となり、豊かな社会を実現させるため周りをも輝かせることをいう。
JMAでは、これを実践している工場やものづくり現場で活躍するリーダーを表彰している。

Text: Yuki Miyamoto

「一隅を照らす」は、もともとは天台宗を開いた伝教大師最澄が書いた『山家学生式』の冒頭にある言葉だ。原文は、「一隅を照らす、これすなわち国宝なり」と続く。最澄は、人々を幸せへ導くために「一隅を照らす国宝的人材」を養成したいと思い、この仏書を嵯峨天皇に上奏した。

一隅とは、今、私たちがいる、この場所を指す。自分が置かれている場所や立場でベストを尽くす（照らす）ことで、周囲を光らせる（照らす）ことができるようになるという考え方だ。

教育者でもあった最澄は、仏教の教えにもとづいて、自ら進んで善行に努力する人、与えられた持ち場や役割を誠実に務めるリーダー（指導的人格者）を育てようとした。これは仏教的には「大乗の菩薩」へとつながる道だ。

このように一人ひとりが今いる企業や社会において「なくてはならない人」となり、そのような人が集まることが平和で豊かな社会を実現するという教えは、JMAの活動とも重なる。第一線監督者の集いは、生産現場リーダーの一隅を照らす人が発表し表彰される場であり、GOOD FACTORY賞は、一隅を照らす実践をしている工場を表彰する場である。

### 革新的な活動に取り組む工場を表彰する「GOOD FACTORY賞」

日本のメーカー各社の工場では、国内外を問わず、生産性向上、品質向上を目指して日々さまざまな取り組みが行われている。こうした活動に着目し、その成果を日本製造業の規範として表彰する制度が、GOOD FACTORY賞だ。JMAが実施している、日本のものづくり力の強化を目指す取り組みの核をなす事業であり、海外拠点も含めている点が特長だ。

GOOD FACTORY賞が始まったのは2011年のこと。以来10年以上にわたり、日本国内のほか、中国やタイ、インドネシア、ベトナム、マレーシア、フィリピンなどで延べ60以上の工場・事業場を表彰してきた。

この賞の背景には、海外で展開されている日本企業の工場の努力を正しく評価したいというJMAの想いがある。2011年当時、すでに日本のメーカー各社はアジアを中心に製造部門の海外展開を進めており、各地の工場は、習慣や風習の違う国で生産性を上げるためのさまざまな努力をしてきた。そうした、目に見えにくい創意工

夫を取り上げて世に紹介したいと考えたのだ。

GOOD FACTORY賞は4つの賞で構成されている。一つ目は「ものづくりプロセス革新賞」で、IE（インダストリアル・エンジニアリング）改善、ITの適用、品質保証、工程改善など、各事業所におけるものづくりのプロセスそのものが改善・強化されている点を表彰する。

次に「ものづくり人材育成貢献賞」で、全員参加の改善活動、技能伝承、能力開発への取り組みなど、質の高いものづくりをするための人材育成に取り組んでいる点を表彰する。

3つ目は「ものづくりCSR貢献賞」で、CSR活動、環境への対応、省エネ、地域社会との結びつきなど、ものづくりを側面から支えているCSR活動に積極的に取り組んでいる点を表彰する。例えば、中国に展開している日本メーカーの工場が中国の近隣住民も招待して盆踊り大会を開催したといった地元貢献の一例もあげられる。

4つ目は「ファクトリーマネジメント賞」で、総合的な工場マネジメントの仕組みとその運営レベルの総合力を表彰する。

これらの4つの賞は、学識経験者とコンサルタントから構成される「GOOD FACTORY賞　審査委員会」が審査を行い、毎年、合計5〜6件程度が表彰される。

例えば、製造現場を海外で展開する際、その工場にどのような役割を求めるかはさまざまだ。日本企業は現地の社員を育成しながら日本式のものづくりで高品質・高い生産性を進めているが、海外資本の工場では効率を重視し、組み立てさえできればいいと割り切って考える企業が増えている。

JMAでは、誰でもできるオペレーションをつくる方法よりも、ゼロからスキルを教え込み、ものづくり人材を現地で育成することのできる日本式のやり方を評価している。したがって今後もそうした取り組みを行う工場を表彰していく方針だ。

さらに2023年（第11回）からは、GOOD FACTORY賞の表彰式を「日本ものづくり経営サミット」（26ページ参照）の中で行うことになり、従来よりも広い範囲でこの賞を認知してもらうことを目指している。

2023年3月8日に行われた「日本ものづくり経営サミット」でのGOOD FACTORY賞表彰式。この日は5社が表彰された

## 「現場の経営者」が集結する 「第一線監督者の集い」

製造現場には、直属の部下を監督する立場の者として、係長、工長、主任、職長、作業長、ラインリーダーといった役職がある。多少呼び名は変わっていても、担当する現場において大きな責任を持ち、現場の問題点を改善すべく努力する役割は変わらない。

製造現場のマネジャーであり、自分の意志で高い目標にチャレンジする「現場の経営者」の立場をJMAでは「第一線監督者」と呼んでいる。そうした彼らが一堂に介する場が「第一線監督者の集い」である（68ページ参照）。

第一線監督者の集いが始まったのは、1982年のこと。きっかけは当時、JMAの中部地域評議員会で議長を務めており、トヨタ生産方式を確立したことで広く知られる大野耐一氏からの「製造現場の第一線にいるリーダーは『現場の経営者』だ。一生懸命に前線でがんばっている彼らに集まっていただいて、マネジメントで工夫したことなどを共有する場があるといいのでは」という提案だった。

これを受けて第一線監督者の集いが事業としてスタートして40年を超える。現在は名古屋、福岡、仙台、バンコク、上海と全5ヵ所で毎年開催されており、最も古い歴史を持つ名古屋では2024年2月に第42回目の集いが

開かれる予定だ。

第一線監督者の集いの中心となるのは、優秀事例の発表である。全2日の日程では、12社程度の企業が2つのブロックに分かれ、1社ずつ各20分ほどの発表を行う。おもに、第一線監督者として求められる人間性、思考力、心構えをどのように改善させたか、成長させたかを語っていく。

ブロックの発表が終わると、どの発表がよかったかについて、聴講者からの投票を受け付ける。そうしてすべてのブロックの発表が終わると、その年の最優秀賞が決定する。

JMAは、第一線監督者の使命を「高い志で職場を活性化させ、部下の成長を促す」「率先垂範し問題解決に取り組み、成果を出し続ける」と定義している。したがって、これに即した発表内容になっているかが、評価の分かれ目となる。

当日の発表の出来不出来は重要だが、発表する企業にとっては、発表までのプロセスも非常に大切だ。上司部下と共に、日頃の活動を振り返ることを通して、普段お互いに気づかなかったいい点の発見などにも寄与できるからだ。

マネジメント手法やツールであれば、インターネットで簡単に入手できるこの時代に、なぜ会場まで来て参加するのか。それは、自分と同じ立場である第一線監督者が何を大切にしながら現場の運営を実施しているかを知りたいという思いがあるからだ。

「ものづくりは人づくり」と言われる。しかし、その秘訣は教科書に載っていないし、企業によってもさまざまだ。階層別教育やツールを用意しただけではうまくいかない。

優秀事例の発表を聞くことによって、そのヒントを得たいという参加者の高い目的意識がある。普段の取り組みや現場での努力をアピールしたいという発表者、そして、その発表からヒントを得たいと考える参加者、それぞれの思いがこの場を形成している。

事例発表の後に設けられた交流の時間も好評だ。これは事例発表を終えた企業だけが参加できるもので、現場で抱える悩みを共有することで気づきを得たり、課題についてディスカッションしたりできる。2023年の名古屋地区の交流会では、発表者だけでなく、アシスタントや上司も輪に入り、現場での課題を共有し、解決のヒントを全員で共有した。JMAがこの事業の名称を発表会ではなく「集い」としているのは、発表者同士も含め、この場で多くの交流を促進したいという考えからだ。

近年では、バンコク会場での盛り上がりが特に目立つ。発表者はバンコクに工場を持つ日系企業の現地の第一線監督者からの熱のこもった発表が多い。バンコクで最優秀賞を獲得したチームが日本で発表を行う機会もあり、日本企業にとっても大変勉強になる場になっている。

ものづくりの現場は国内外問わず日々刻々とその環境が変化しており、近年、特に変化が激しくなってきている。例えば部品の供給が不安定になり、生産に負荷がかかっているのに人手が足りなかったり、その状況でも品質を守らなければならなかったり、低いコストで短納期にも対応している。

そのような状況下で、前線に立ち、歯を食いしばって責務を全うしようとしているのが第一線監督者であることを忘れず、彼らの努力を世に知らしめ、学生や20代の若者にものづくりへの興味を抱いてほしい、それができた時に、日本のものづくりはもっと強くなる、というのがJMAの想いである。🖋

2023年2月8日に開催された第一線監督者の集い（名古屋会場）。壇上に優秀事例発表者たちが集合した

*Chapter*

# 3

---

# 他社との連携により
# 壁を破ろう

今、脱炭素や地政学リスク、サプライチェーンの問題など、
大きな課題が突きつけられている。
自社だけでは解決しきれない課題に対して、どのように解決しばいいのか。
Chapter3では、企業や業界の垣根を超えた3つの取り組みを紹介する。

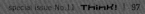

# 大手ゼネコン5社が集結。初の技術連携で業界に革新
# 画期的オープンイノベーションを実現する「建設RXコンソーシアム」

技術は自社内で囲い込むべき——そんな旧来の常識に縛られていた建設業界で、新たな動きが生まれている。
大手ゼネコン5社が共同でロボットやIoT機器の開発を行う「建設RXコンソーシアム」がそれだ。
結成を主導した立役者が、コンソーシアムの会長を務める株式会社竹中工務店の村上陸太氏である。
過去に類を見ない異例の連合がもたらす、建設業界における“ものづくりの革新”に迫る。

Photo: Kazuhiro Shiraishi　Text: Yoshie Kaneko

## 村上　陸太

建設RXコンソーシアム　会長
株式会社竹中工務店　常務執行役員
技術・デジタル統括　技術開発・研究開発・構造設計担当

## ■ 建設現場の効率化に向け 大規模な技術連携を実現

建設業界は保守的といわれ、同業他社同士の連携はこれまでほとんど例がなかった。オープンイノベーションなど、もってのほかという空気が蔓延していた。

そんな旧来の常識を打ち破るために立ち上げたのが「建設RXコンソーシアム」（以下、コンソーシアム）である。建設現場の効率化や生産性向上を目的に、ロボット技術やIoT関連アプリケーションなどを業界横断で共同開発する連携基盤だ。RXはロボティクストランスフォーメーション（ロボット変革）を意味している。

中心となる幹事会社は大手ゼネコン5社、すなわち株式会社竹中工務店、清水建設株式会社、鹿島建設株式会社、株式会社大林組、そして大成建設株式会社である。

中堅・中小の建設会社からなる正会員は29社、機械メーカー、IT、通信、損保など多様な業種・業態で構成される協力会社は207社に上る（2023年11月17日現在）。建設業界でこれほどの規模の協力体制が組まれたのは初めてのことと思う。

建設業界では長らく、技術こそが競争力の源泉とみなされ、これまで各社がしのぎを削って技術開発に取り組んできた。「共同で技術開発するなどあり得ない」「技術は社内で秘匿すべき」という根強い風潮があった。

しかし、昨今では巨大IT企業が台頭し、IoTも急スピードで進展している。その中で古い常識にとらわれたままでは、業界の技術革新そのものが阻まれるだろう。

国土交通省は「i-Construction（アイ・コンストラクション）」という施策で建設業のデジタル化を進めているが、これはバックホウショベルや擁壁設置のデジタル化が主眼で、つまりは土木業界が対象だ。当社は土木部門を持たないので、その点でも他の大手ゼネコンより危機感は強かった。

もう一つ、建設業は3K（危険・汚い・きつい）などと言われ、就職先として人気が低下しつつある点も、かねてから問題視していた。働きやすい環境を構築することで、業界の未来を明るくしたいという意識もあった。

そうした背景があったことから、当社は早い時期から業界としては異例ともいうべきオープンイノベーションに取り組んできた。2018年6月からボストン・ダイナミクスやソフトバンクロボティクスの協力を得て四足歩行ロボットの実証実験を開始。これはその後、鹿島も巻き込んだ共同研究に発展しており、画期的な連携を果たしたということで多くの人を驚かせた。

とはいうものの、これまでの道のりは長かった。それを痛感したのが、過去に自社で行った溶接ロボットの開発だ。これは技術的には成功したが、現場への展開が困難を極めたのである。

まず人間がロボットを作業場まで移動させなければならない。さらにロボットをセットしてようやく溶接作業が始まるが、散らかしたゴミを片付けるのは人間だ。作業が終われば、また人間がロボットを運ばねばならない。これではまるで"お殿様"だ。

日本は職人の能力が高く、臨機応変な判断もしてくれる。それと比べれば、ロボットの作業効率は高くはない。導入にあたってコストもかかるし、重量も重い。そんな次第で、溶接ロボットは実用化に至らなかった。

ただ、状況は同業他社も同じだった。それがわかったのが、大手ゼネコン5社の技術開発のトップが集まる飲み会の場だ。会社こそ違うが、業界の会合などで頻繁に顔を合わせていることもあり、参加者同士は仲がいい。そこで出たのが溶接ロボットの話で、各社とも開発しようとしている溶接ロボットは同じ建設機械メーカーの

同型機をベースとしていること、しかもどの会社も同じ実験で失敗していることがわかったのだ。

守秘義務契約があるので、建設機械メーカーは各社の実験内容を他言できない。「それはよそで失敗していることがわかっているので、やめたほうがいい」と忠告できない。各社個別に開発に臨んだことで、いかに多くの予算と時間を無駄にしてきたかを思い知った。

## 規模拡大の最大の要因はスケールメリット

このままではさらに多くの無駄を生むのは明らかだ。そこで、まずは大手ゼネコン間で実験データを共有してはどうかという話になったが、それならいっそのこと一緒に開発をしたほうがより効率的だろうという流れになった。

建設機器に先端技術を搭載するとはいえ、それはのこぎりや金づちと同じ道具に過ぎない。そして、それを使う職人は業界全体で共有している。金づちの仕様が各社で違っていたら職人は困るわけで、ロボットもゼネコンごとに動きが違えば現場が混乱するし、最悪の場合、事故を招く。「建設ロボットやIoT機器は共同で研究開発するのが理にかなっている」「現場に役立つ技術を提供して業界の未来を明るくしよう」と、私はその場にいたメンバーに訴えた。

これと同じ思いを持っていたのが、鹿島の伊藤仁氏（常任顧問、建設RXコンソーシアム初代会長／現顧問）だ。そこで2019年12月から鹿島と竹中工務店の技術連携が始まった。

そのプレス発表（2020年1月）の後に技術連携に興味を持っていた清水建設もすぐに合流することになった。

図表1　開発・生産・調達をつなぐ「一括管理」

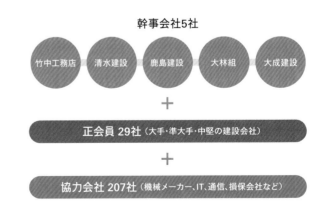

幹事会社5社

竹中工務店　清水建設　鹿島建設　大林組　大成建設

＋

正会員 29社（大手・準大手・中堅の建設会社）

＋

協力会社 207社（機械メーカー、IT、通信、損保会社など）

大手・準大手・中堅ゼネコン、協力会社からなる、建設業界で初めての協力体制。

この3社の枠組みに他の準大手・中堅などのゼネコンが加わる形で、2021年9月、コンソーシアムが発足した。各社ともIoT開発の効率化やコスト軽減は課題であったし、協力会社としても最新技術の知見の蓄積、技術者の人手不足や働き方改革といった課題の解消につながるという期待があった。

早い時期から参画の意向を示していた大林組も2022年11月に加わって正会員27社、機械メーカーやIT、通信、損保会社などの協力会員105社、参画ゼネコンは31社へと拡大。2023年6月には大成建設も参入し、晴れて大手ゼネコン5社が揃った。

規模拡大の最大の要因はスケールメリットだろう。建設機械メーカーや通信事業者、スタートアップ、保険会社にとって、このコンソーシアムに話を持ち込めば横展開が見込める。技術者にしても、何か開発したら大手5社の目利きがチェックしてくれるので、開発スピードは間違いなく上がる。我々としても、ほしい機能を実装してもらえるのでありがたい。中堅・中小ゼネコンも知見が得られるし、気になる機器があれば導入することが可能だ。

竹中工務店1社だけのエコシステムではこれほどのメリットは望めない。取引会社から見ても、プレゼンテーションをいくら頑張って竹中のいう通り機能や要件を変えたとしても、使うのは竹中のみだ。コンソーシアムという連合を組んだことで、掛けた分の労力に見合う状態ができた。それが協力会員の爆発的な増加につながっているとみている。

図表2　建設RXコンソーシアムを構成する12の分科会

| | | |
|---|---|---|
| 資材の自動搬送システム分科会 | タワークレーン遠隔操作分科会 | 作業所廃棄物対応技術分科会 |
| コンクリート施工効率化分科会 | 墨出しロボット分科会 | 照度測定ロボット分科会 |
| 風量測定ロボット分科会 | 生産BIM分科会 | 相互利用可能な技術分科会 |
| 市販ツール活用分科会 ドローンWG | 市販ツール活用分科会 バイタルセンサWG | 市販ツール活用分科会 アシストスーツWG |

12の分科会やワーキンググループに分かれ、ロボット開発のほか、IoTや市販のドローン、アシストスーツの活用法など安全性やコスト削減の取り組みを話し合っている。

## 目指すは「鉄腕アトム」より「ドラえもん」型

コンソーシアムでの開発は分科会で行っている。例えば「生産BIM」「資材の自動搬送システム」「タワークレーン遠隔操作」「作業所廃棄物対応技術」「相互利用可能な技術」などだ。また、ドローンやバイタルセンサ、アシストスーツに関するワーキンググループなどもあり、それらも加えると分科会は現在12に上る。

分科会は基本的に幹事会社が設定し、「この指とまれ」の形で各社が参加する。参加する企業が3社あったなら、費用負担も3分の1ということだ。コンソーシアムに参加するにあたって共同技術契約を結ぶため、知的財産権も守られる。

大手ゼネコンに比べると技術開発力があまりない中小の事業者は、メンバーだけ参加させたり実証実験の場所を提供したりする形での参加もできる。

実際に技術開発を進めてみて思うのは、他社の技術者、すなわち自分たちと違う発想の人がいることが大きな刺激になるということ。自社で同じ知見やノウハウを持つ同僚とロボットをつくるのと、オープンな環境でつくるのとでは緊張感がまるで違う。

例えば、当社がコンソーシアムで最初につくったのは、$CO_2$削減と生産性

向上をもたらすコンクリート床の仕上げ機械で、鹿島と共同開発したものだ。社内テストでは忖度もあって批判的な意見があまり出ないが、外部の技術者と一緒だと「条件が違ったらどうなるか」「こういう機能を付ければさらによくなるのでは」といった意見が次々飛び出す。多様な視点を持ち寄ることで、より高度なものづくりが実現するということだ。

柔軟な発想が可能となったことで、より実効性の高い開発に弾みがついた。当初はAIなどの先端技術を取り入れようとしていたが、無理にそこにこだわると時間もお金もかさむ一方で"殿様ロボット"になりかねない。それよりも大変な仕事を楽にすることに焦点を当てて、例えば上から見るだけで廃棄物を分別するといったロボットを構想している。

要は何から何までやってくれる「鉄腕アトム」のようなロボットでなく、道具を出すが利用は人間に委ねる「ドラえもん」型を目指すということだ。そのように発想を転換したことで、開発がうまく動き出している感触がある。

コンソーシアムに集う面々はいずれも根っからの技術屋だ。大手5社の頭脳が一堂に会して、課題解決に向けたものづくりに喜々として取り組む姿を見ると、結成を働きかけた自分としても無性にうれしい。

## 寄り合い的な集まりから
## サービス提供者への脱皮も

コンソーシアムが日本でうまくいけば海外展開も視野に入る。ただ、開発した技術を普及させるには、知恵を出し合う寄り合い的な集まりからサービス提供者へと脱皮を図る必要があるだろう。中小ゼネコンでも使えるようにオペレーションを指導するとか、レンタルできるようにするために何台つくればいいかといったマーケティング機能の実装は今後の課題といえる。

例えばの話だが、コンソーシアムでロボットリフレッシュ週間を設け、今までの料金の半額できれいに掃除した上で機能もアップできるといったサービスがあっても面白い。ノコギリの切れが悪くなったとき、職人が砥ぎ屋に出すような感覚だ。道具として愛着が持てることが現場の雰囲気を明るくする。そうしたバックアップもできるようにしたい。

さらに、技術開発だけでなく、レンタル事業者との交渉も担うなど、ソフト面でも普及展開に力を発揮できればなお

---

図表3 ｜ BIMを活用したプラットフォーム

建設ロボット
プラットフォーム
遠隔監視、遠隔操作、
BIMロボット連携、
建築データPF連携 など

ドローン

屋外GPS制御

自動搬送ロボット

建設現場

清掃ロボット

運送

小型搬送ロボット

建設現場で稼働するロボットをクラウド上で一括管理。遠隔監視・指示のためにBIMデータを活用している。

いいだろう。スケールメリットを活かした価格を設定できれば、特に中小の事業者は助かるのではないか。

## BIMを活用した新生産システムを開発

コンソーシアムを通じてデジタルツール導入のハードルは下がるが、当然ながらそこから先は各社の競争力が試されることになる。

竹中工務店の強みは、建築専業で設計から施工までワンストップで担える点だ。建物を社会に送り出し、それが解体されるまで責任を持つ、いわば"永久保証"の精神を創業以来貫いてきた。モノだけ提供しても、お客様が本当にそれを使いこなせるかはわからない。我々はモノよりコト＝空間の提供を重視し、お客様により高い付加価値をこれからも届けていく。

そのためには業務環境でもデジタル技術を活用する必要がある。我々はBIM（ビルディング・インフォメーション・モデリング）を活用した新生産システムを開発した。BIMとはコンピュータ上に作成した建築物の3次元データのこと。それを活用して建設現場のロボットをクラウド上で一括管理するプラットフォームシステムだ。

設備工事や施工手順をわかりやすく示すほか、VRデバイスなどを使って完成後の空間イメージも共有しやすくなった。また、BIMを地図情報としてロボットを制御することもできる。例えば、現場の上層階で翌日の早朝からコンクリート敷設工事があるとしたら、夜

PROFILE

村上陸太（むらかみ・りくた）

1958年大阪市生まれ。1983年竹中工務店に入社。大阪本店設計部構造課、USJ第3工区設計室、大阪本店設計部構造部門を経て、2012年大阪本店設計部構造部長に就任。2016年、本社技術本部本部長、2019年執行役員技術本部長を経て、常務執行役員に就任。現職。2020年、鹿島建設株式会社とともに建設RXコンソーシアムの設立に尽力し、副会長に就任。2023年同コンソーシアム総会で会長に選出され、現在に至る。

のうちにエレベーターと搬送ロボットが動いて材料を現場に運び込む。日中にエレベーターを動かさずに済むので、効率的な工事が可能になる。

そして、このプラットフォームは工事期間だけでなく、竣工後の運用期間も活用できるところがミソだ。入居する企業がコピー用紙を夜間にオフィスへ手配するといったこともできるだろう。サービスレベルの向上にも役立つ。

## ロボットとIoTの活用で業界の課題を解決する

また、カメラやセンサーを駆使して、リモートで現場とオフィスをつなぐ環境も整えている。パソコンとインターネット環境さえあれば、作業所の様子をいつでも確認できるということだ。

時間や場所の制約なしにデータにアクセスできるようになり、在宅勤務も増えている。建設業は2024年4月から労働者の残業時間の規制が強化さ

れる。設計のような仕事は時間を気にせず作業に没頭することが楽しく、労働時間を一律に縛ることには疑問も感じるが、とはいえリモート環境の整備は業界の労働力不足を緩和する一助となるのではないか。うまく使えば社員のワークライフバランスも実現するだろう。

在宅勤務が増えると、業務時間をどう管理するかという別の課題も生まれる。このあたりは他社も抱える悩みだと思うので、それこそコンソーシアムでテーマとして取り上げ、解決策を探る道もあるのではないか。

ロボットやIoTなどのデジタルツールを開発することで、効率化と省人化が見込める。それは建築業界を明るく、働きやすくすることにつながるが、一方で新たな課題も立ち上がってくる。課題は尽きないが、それを解決することにやりがいを見いだすのが技術者というものだ。みんなで連携してものづくりに励み、業界全体を盛り立てていきたい。

# 産官学連携の「この指、とまれ」に期待
# 業界をまたぐサプライチェーンの「プラットフォーム」創出へ

自然災害や地政学リスクなどが発生した際、製造業はどのように素材や部品を確保すればいいのか。
サプライチェーンの課題は個社で対応するには限界があり、多くの企業が悩みを抱えたままだ。
「鍵となるのは産官学の連携による業界横断的なプラットフォームの創設ではないか」
そう提唱するのは、富士フイルムビジネスイノベーションで調達を管掌する古川雅晴氏だ。

Photo: Takafumi Matsumura　Text: Yusuke Higashi

古川 雅晴

富士フイルムビジネスイノベーション株式会社
取締役　執行役員　調達　管掌　兼　調達本部長

## 「調達」領域は他社との連携が難しかった

自社のみでは解決できない経営課題を、他社との連携、協調によって解決していく動きが、産業界のさまざまな領域で生まれている。

だが「調達」領域は、これまで会社同士が交わる機会がほとんどなかった。取引先を通じて競合他社の動きを知ることはできても、法律の問題もあり「一緒に買う」わけにはいかない。

それだけに日本能率協会（以下JMA）が「購買・調達部門評議員会」をつくったのはすごいことだ。過去にない取り組みだと言える。

新型コロナ禍がきっかけになった部分もあるのだろう。この3年間、「生産」領域の課題は自社努力でカバーできた。だが調達を含めたサプライチェーン全体を維持するのは大変だった。そこには競合や他業界も絡んでくるからだ。

例えばここに、入手性の悪い部品があったとする。一方には入手できず困っている会社があり、もう一方には困っていない会社がある。その不平等が明らかになれば、「なぜあの会社には入れて、うちの会社には入れないんだ」と不満が出るだろう。コストについても同様で調達価格は同じではないから、「なぜA社はB社より安く買えるのか」となる。調達には、こういう生臭いところがある。

にもかかわらず、さまざまな会社の購買・調達部門をJMAが一つの場所に集めた。「この指、とまれ」の役目をJMAが担ったのだ。

私は評議会の議長として第一回から参加しているが、最初は誰も話そ

図表1　現在、抱えている問題意識

調達の会社間連携は可能か？

日本全体で会社や業界の垣根を超えた連携が進んでいる

↓

しかし、調達の領域では「競合の壁」「業界の壁」などがあり、一向に連携が進んでいない

図表2　調達の会社間連携を阻む4つの壁

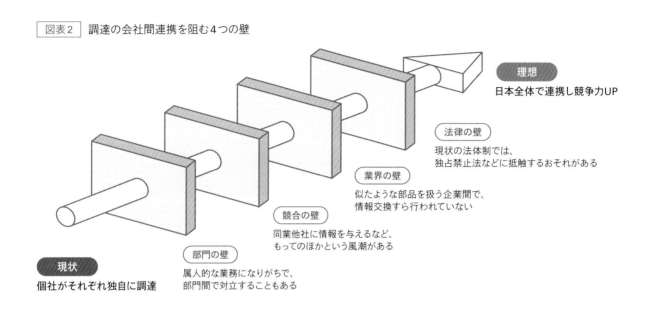

**理想**
日本全体で連携し競争力UP

**法律の壁**
現状の法制度では、
独占禁止法などに抵触するおそれがある

**業界の壁**
似たような部品を扱う企業間で、
情報交換すら行われていない

**競合の壁**
同業他社に情報を与えるなど、
もってのほかという風潮がある

**部門の壁**
属人的な業務になりがちで、
部門間で対立することもある

**現状**
個社がそれぞれ独自に調達

としなかった。今も「Aという部品をいくらで買った」かは、誰も口にしない。ただ、回を重ねるごとに議論が成熟し、個社のことは話せなくても、調達を含むサプライチェーンの一般論ならば話せるようになってきた。これは大きな一歩だと、私は手応えを感じている。

## 中小企業が日本のものづくりを支えていることに目を向ける

例えばEU圏であれば、サプライチェーンに関する一つの「プラットフォーム」のようなものが整備されている。環境対応や地政学的リスクなどの大きな課題に関しても、一つにまとまっている。また、米国は米国で、独自のものがある。

日本はどうかというと、そもそも調達に光が当たらない。だから、プラッ

トフォームの形成に向けた具体的な話をするところまで至っていない。

大企業だけを取り上げるのなら、それでもいいのかもしれない。地政学的リスクや環境対応にしても、大企業なら個社で対処できる。当社も、早くからCSR調達に取り組み、調達先の選定や評価の仕組みをつくり上げてきた。

だが、大企業の数などたかが知れている。周知の通り、日本企業の大半は中小企業だ。中小企業が大企業を支え、ひいては日本のものづくりを支えている。では、中小企業が大企業と同じように、地政学的リスクや環境対応に対処できるのか。ここに課題がある。

この課題は以前から潜在的にはあったものだが、新型コロナを機に顕在化した。半導体はわかりやすい例だ。今も半導体不足で苦労している

企業は多い。理由はさまざまある。一つは「巣ごもり需要」。次にGAFAがサーバに巨額の投資をした影響もある。そして自動車のEV化。これだけ外部環境が変化していると、1社だけで、サプライチェーンをマネジメントしようと思っても、太刀打ちできない。

当社は幸いにも、開発、生産、調達が一体となってうまく凌いでくれた。開発陣は、半導体が入らないとなると代替設計をするしかないが、部品の入荷に合わせて回路を変える用意をしていた。業界の中では、コロナ禍でも遅延なく出荷できたほうだろう。できなかった競合他社との差は、サプライチェーンマネジメントの差ではないか。代替設計をしてEMS（製造請負）に「この基板でやってくれ」と言えるか、変わらず「○○という部品を探してくれ」と言い続けるしかないか。この違いは大きい。

だが一般論として、こうした対応が中小企業にできるのか、というと難しい。もっとも、現状でもすべてが個社に委ねられているわけではない。

例えば、地政学的リスクへの対応のため、大手メーカーが取引先に対し、ある国の依存を下げて第三国にシフトしようと呼びかけるケースもある。このとき大手メーカーがすべてお膳立てしようと思うと、大変なコストがかかるから、選択肢としては「土地も用意する」レベルから、まったくお膳立てしないケースも想定される。もし、お膳立てしないことで取引先の事業継続が困難な事態になれば、大手メーカーのBCP対策にも支障が出る。

結局のところ、サプライチェーンを個社で考えなければならない状況では、大手企業であれ、中小企業であれ、企業体力の差が出てしまう。日本のものづくりを強くしようというとき、それでいいのか。これが「購買・調達部門評議員会」で議論している中心的テーマであると認識している。

## 産官学の連携で
## サプライチェーンを考える

それでは、これからの日本企業が目指すべきサプライチェーンとはどのようなものか。

ここでも半導体の例がわかりやすい。私が若い頃、半導体の世界トップシェアといえば日本だった。技術開発で先行していたのは米国や欧州だが、「セカンドソース」はすべて日本が有していた。ところが、現状ではそれ

がすべてなくなっている。

そこから教訓とすべきは、やはり「個社では限界がある」ということだ。具体的には、政府からの支援や、アカデミアとの協業が欠かせないと私は考える。産官学の連携によりサプライチェーンの課題に立ち向かうのが理想だ。

もちろん企業が違えば「what（何を買うか）」も違う。しかし、サプライチェーンのためのプラットフォーム、すなわち「how to（どう買うか）」は共有できるのではないか。それができるだけでも、大手メーカーと中小企業の差は縮まるはずだ。

そもそも、日本のものづくりが強くなるには「みんなが潤う」ことが大前提だと、私は思う。中小企業が廃業せず、利益がきちんと担保されることだ。それが、ひいては大手メーカー

のベネフィットにもなる。そのためには、誰かがイニシアチブをとり、自分が得意とする分野でプラットフォームを築く必要があるだろう。

よい例がある。自動車業界に見るようなTier1（子会社）、Tier2（孫会社）、Tier3（ひ孫会社）という系列だ。欧米に対し日本のものづくりが弱くなったといってもこの系列は今なお強いと思っている。ただ残念なのは、これを個社ベースでつくっていることであり、業界の差が出る。例えば、自動車メーカーと建機メーカー。どちらも「動くもの」をつくっている点では似たもの同士だ。しかし、建機メーカーが自動車メーカーと同じようにTier1、Tier2、Tier3をつくれるかというと難しい。

そこで必要なのが、業界をまたぐよ

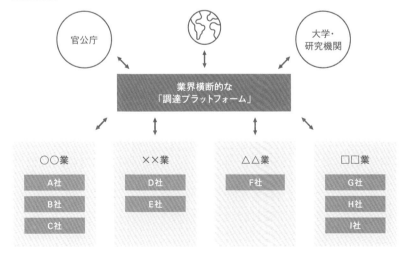

図表3　例えば、業界横断的な「調達プラットフォーム」

業界をまたぐプラットフォームをつくり、「how to」を共有するだけでも
サプライチェーンの課題がいくつか解決するはず。その際、産官学の連携は欠かせない。

うな、何らかのプラットフォームだと思っている。それは特定の業界や団体だけでは実現しない。お金もかかるし、法整備も必要だ。やはり、産官学一体となってプラットフォームを整備するという話になってくる。

今の日本には、そうしたプラットフォームがない。PFAS（有機フッ素化合物）対策にしろ、地政学リスクにしろ、騒ぎがあると皆が一斉に動くが、組織だってはおらず、バラバラだ。そこに非常なロスがある。

地政学的リスクへの対応方法についても、誰かがガイドを出しているのかというと、そんなことはない。メディアには「日本回帰」と「第三国へのシフト」の2つの論調があるが、どちらがいいのか。確かに、日本回帰も選択肢の一つだろう。だが労働人口は減り、電気料金は高い。それでも日本回帰できるのか。日本回帰をするなら、例えば政府が燃料代を支援する、アカデミアが生産現場の自動化に関して研究を加速する、などの対応が必要だと思う。

5～6年前に「産業ロボットが中小企業によく売れている」というニュースを聞いた。事情はよくわかる。大手はまだお金で人手を集められるのだ。しかし、そのお金を出せない中小企業は、ロボットに頼るほかなかった。結果、中小企業へのロボット導入が進んだわけだが、振り返ってみれば、中小企業の自助努力に任せるのではなく、国全体でこうした動きを支援するべきだったのではないか。まして、今から日本回帰を進めようものなら、必ず事業継続が困難になる中小企業が出くるだろう。

私は、日本のものづくりを信じている。特に、品質に関する信頼性は高い。当社の複合機にしてもロバスト性（強靭性）が高く、「壊れた」といった話を聞く機会は少ない。しかし、それもTier1、Tier2、Tier3のおかげだ。彼らが事業を継続できるようにしなければならない。そうできなければ、日本のものづくりは完全に地盤沈下する。裏を返せば、そこにこそ日本のものづくりを強くするための糸口があるのだ。

## 富士フイルムグループ内では調達の「標準化」が進む

実際、当社自身のサプライチェーンマネジメントも整備を進めている。

地政学的リスクや環境対応などに関しては、取引先のみに任せず「一緒にやろう」のスタンスをとっている。また、競合他社や異業種とも「組む・組まない」の話ではないが意見交換を行っている。議論の内容も変わってきた。これまで調達に関する議論といえば、QCD（Quality、Cost、Delivery）にウェートが置かれた。それが今ではE（Environment）や従業員満足の話にウェートが移りつつある。それが社会からの要求でもある。

また、これまでグループ内でバラバラだったサプライチェーンが、連携あるいは標準化に向かう動きも出てきている。

従来、富士フイルムホールディングスの中には、メディカル事業や、ヘルスケア事業、イメージング事業といった事業部があり、サプライチェーンの「what」と「how to」がまったく異なっていた。

しかし現在、富士フイルムビジネスイノベーションの調達を管掌している私と、富士フイルムホールディングスの調達を担当する役員との間で情報共有が行われており、実際の調達でも深く連携している。これは、富士ゼロックス（現富士フイルムビジネスイノベーション）が富士フイルムの100%子

PROFILE

古川 雅晴（ふるかわ・まさはる）

1960年三重県生まれ。1982年鈴鹿富士ゼロックス株式会社（現富士フイルムマニュファクチャリング株式会社）に入社。第二製造部などを経て部品外販部長を歴任。2010年より調達部長に。2011年に富士ゼロックス株式会社（現富士フイルムビジネスイノベーション株式会社）へ出向。2014年執行役員鈴鹿事業所長、2017年常務執行役員、2018年に富士ゼロックス執行役員調達本部長を経て、コロナ禍に生産、調達両本部長を兼任し、2020年同社取締役執行役員調達管掌兼調達本部長に。現職。

会社となってからの方針だ。

　それまでは事業が違えば調達のメンバー同士、話をしにくい雰囲気もあった。同じグループ内で、コストや品質に関する情報がオープンになっていてさえそうだったのだ。しかし、富士フイルムホールディングス役員の「もう、富士ゼロックスだ、メディカル事業だと言っていないで、共有することがあるんじゃないのか」という一言がきっかけで、調達に関して情報を共有するプロジェクトが立ち上がった。

　そのプロジェクトが解散するとき、こんな発言をしたのを覚えている。「プロジェクトを解散するのは、（標準化が）"日常化"したからだ」。例えば、この材料を買うならこんな買い方がいい、こんな運び方がいいといった、調達に関する議論が自然にできるようになった。第三者から見れば当たり前のことかもしれない、しかし、これだけのことが以前は当たり前ではなかった。

　標準化が日常化されたとは、どういうことか。それこそ、新型コロナ禍では、他の事業部の調達のメンバーから電話がバンバンかかってくるようになった。「古川さん、この半導体ってどうすれば手に入るんですか」。従来は、それはメンバーの"個人技"として共有されていなかったものだ。

　今ではデータベースができあがっており、調達領域のノウハウに関しても富士フイルムグループ内で完全に共有されている。「いかに安く調達するか」もそうだが、地政学リスクや人権問題への対策についても同様だ。特に環境対応については、我々富士フイルム

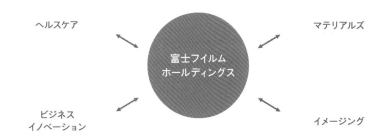

図表4　全社の調達情報を共有するプロジェクト

ヘルスケア　　　　　富士フイルム　　　　マテリアルズ
　　　　　　　　　ホールディングス
ビジネス　　　　　　　　　　　　　　　イメージング
イノベーション

ホールディングスと各部門の調達情報を共有するプロジェクトを発足。
社内の情報共有は日常化し、データベースもできた。

ビジネスイノベーションとしては、富士フイルムグループが有するケミカル技術には非常に期待しており、実際に代替材の開発が始まるなど、グループとしての企業力を発揮できている。

## 「日本のものづくりのため」政府が旗振り役に

　ただし、同じことを2次請け、3次請けの企業が行うのは困難だ。それこそ、日本のものづくりが問われていることでもある。業種やwhat（何を買うか）が違っていても、サプライチェーンのhow to（どう買うか）には普遍的なものがあり、それをプラットフォーム化するべきではないのか。

　政府による法整備、あるいはアカデミアや中小企業への資金提供、技術支援などには、当然期待している。だが一番大切なのは、サプライチェーンのプラットフォーム構築に向けて、「この指、とまれ」を企業やアカデミアと連携しながら、政府が主導していくこ

とであり、それが望ましい姿であろう。いち企業が同じことをやっても、特定の業界だけの動きにとどまりがちだ。

　これまで日本においては、政府主導の施策は農業や漁業に重きを置かれていた感がある。そのため、こんなことをいうと「古川さん、それは夢だよ」と言われる。しかし、EUはそれをやってのけているのだ。日本にできないはずがない。

　日本のものづくりにも、先人たちが築き上げてきた匠の世界があり、昔ながらのものづくりのサプライチェーンがある。今も、特定の地域にいけば、部品を削る人、研磨する人、色づけをする人とが密集し、小さなサプライチェーンを形成しているのを見ることができる。今度は、それをインダストリー全体に展開するときだ。人類が直面している課題と向き合い、その課題のためにどのようなサプライチェーンのプラットフォームが望ましいのか。「日本のものづくりを強くする」という御旗の下に、考えていきたい。●

# 「AI自動見積り」と「デジタルものづくり」で革新
# 商社とメーカーの協調が 生んだ調達DX「meviy」

部品調達にAIとクラウドを導入することで、作図や見積もり、納品待ちの時間を大幅に短縮できる。
この「調達DX」を実現したのが、ミスミグループ本社（以下、ミスミ）のプラットフォームサービス「meviy」だ。
同サービスの産みの親である常務執行役員の吉田光伸氏と、グループ内で変種変量生産・確実短納期を支える
駿河生産プラットフォームの代表取締役社長遠矢工氏に話を聞いた。

Photo: Takafumi Matsumura　Text: Yusuke Higashi

## 吉田 光伸

株式会社ミスミグループ本社　常務執行役員　ID企業体社長

## 遠矢 工

株式会社ミスミグループ本社　生産プラットフォーム　代表執行役員
株式会社駿河生産プラットフォーム　代表取締役社長

## ■ミスミと駿河精機
## 　経営統合の背景

### ——ミスミが駿河生産プラットフォームを子会社にした経緯は？

**吉田**　ミスミは1963年に創業された。「生産間接材」と呼ばれる、スマホや自動車などの製品を生産するための設備や装置に必要な機械部品の製造と販売を手掛ける。機械部品の品揃えは世界最大級であると自負している。我々が提供する一番の価値は、顧客時間価値だ。「確実短納期」を実現することで、インダストリアル・オートメーション産業のさまざまなムダ、工数を削減する。

　顧客時間価値の提供のため、2つのイノベーションを同時に実現したのは、約40年前のことだ。

　一つは「カタログ販売」。従来、機械部品は特注品として一つずつ図面を描いて設計・注文しなくてはならなかったが、そのうちの半数を規格品としてカタログにまとめた。カタログ内には、サイズ違いや材質違いの部品や、確定納期・価格も明記してある。規格品は3000万点、サイズ違いや材質の違いなどを組み合わせると商品バリエーションは800垓（がい）（1兆の800億倍）を超える計算だ。標準納期は注文から2日目出荷、納期遵守率は99.96％。お客様には「ミスミのカタログがないと工場が動かない」と言っていただく機会も多い。

　もう一つのイノベーションが「標準化」。途中まで加工した「半製品」を、最終仕上げ工場にストックしておくことで、注文後「安く早く」納品できる。

　その後ミスミはグローバルに成長し、海外展開も進めた。だが、2000年代初頭までのミスミは専門商社であり、ものづくりの機能を持たなかった。転

機は2005年、駿河精機（現駿河生産プラットフォーム）と経営統合したことだ。それ以降ミスミは、メーカーとしての道を歩み始めた。

**遠矢** 静岡県に本社を置く駿河生産プラットフォームが、ミスミグループ全体のマザー工場という位置付けだ。2005年にミスミと経営統合するまで、当社はミスミのクリティカルサプライヤーの一つだった。そのため、ミスミが掲げる確実短納期も、当時から実現できていた。その生産機能をミスミのビジネスプロセスの中に取り込むことで、より大きな時間価値をお客様に提供できるようになる。コストの面でも、製販一体で改善が進み、競合他社に対し優位になる。また、ミスミがグローバル展開をするにあたっても生産機能を内包する必要があった。その点、駿河生産プラットフォームは、統合前からベトナム、中国、米国に進出しており、ミスミのグローバル展開との相性はよかった。現在グループの生産拠点はグローバル22拠点まで拡大した。

**吉田** 狙いとしてより大きかったのは海外での生産体制の構築だった。外部のサプライヤーに「中国に進出してください」とお願いするのも、自力ではなかなか難しい。かといって、製品を日本から輸出するようでは納期が長くなってしまう。グローバル規模で時間価値を提供するには、生産も営業も物流もセットで、グループが持つ必要があった。

## 「ミスミ生産方式」を協力メーカーに横展開

**遠矢** もう一つ、経営統合の狙いをあげるとするなら、変種変量でも確実短納期を可能とする「ミスミ生産方式」を、つくり込むためだ。生産機能を自社に組み込めば、その試行錯誤がしやすくなる。現場ではまずリードタイム削減にこだわり、継続的な生産性向上と原価低減につなげる。そこから加工技術のデジタル化・自働化でモデルが強化された。

また、駿河生産プラットフォームをモデルケースとして、他のサプライヤーに「ミスミ生産方式」を展開する道も開けた。駿河生産プラットフォーム1社では、すべての商品の製造に対応しきれないため、他の協力メーカーとの連携は欠かせない。駿河生産プラットフォームがやっていることをレファレンスし、ときにはまねし、システムの一部も共有してもらう。これにより、生産プロセス全体の改革と原価低減が進んだ。

サプライヤーでは、在庫品であれば確実短納期も比較的容易だが、我々は受注製作品が大半。そのボリュームも膨大となると、組める会社は非常に少なくなる。限られた数社としっかりアライアンスを組み、サプライチェーンを磨き込んでいった。

---

図表1 安く早く仕上げるための「半製品」

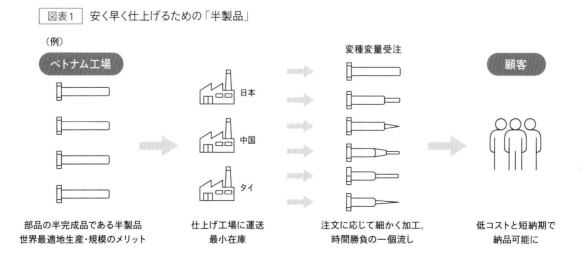

（例）

ベトナム工場　部品の半完成品である半製品　世界最適地生産・規模のメリット

日本　中国　タイ　仕上げ工場に運送　最小在庫

変種変量受注　注文に応じて細かく加工。時間勝負の一個流し

顧客　低コストと短納期で納品可能に

**吉田** 駿河生産プラットフォームとミスミが経営統合することで、生産機能を手の内化でき、経営の選択肢が大きく広がった。海外展開したい、納期を短くしたいときの動きが早くなり、競争力の源泉となった。

ミスミは2022年に、後でお話しする「meviy」のシステム開発・保守・運用を行う会社としてDTダイナミクスを立ち上げたが、こちらも狙いは同じだ。外部の企業に依頼するよりも、意思疎通の面でも納期の面でもスピードが速くなる。2005年時点では生産機能が競争力の源泉であったが、現在はそれに加えITが競争力の源泉になると考え、DTダイナミクスによってITを手の内化したというわけだ。

**遠矢** 無論、経営統合後のプロセスがスムーズに進んだわけではない。むしろ、失敗の連続だった。経営統合を機に去った従業員もいれば、残った従業員もいる。駿河生産プラットフォームとして蓄積してきたものづくりのやり方もある。ミスミ生産方式をつくり込むにあたっては、かなりの抵抗があった。最初の3年間は、正直鳴かず飛ばずだった。だが「生産改革はトップダウンで進めるべき」という方針は一貫していた。歴代のトップが現場に降り、改革の陣頭指揮をとった。

## ▌即時見積もりと<br>▌最短1日目出荷が可能に

——ミスミと駿河生産プラットフォームが開発した部品調達プラットフォーム「meviy」とは、どのようなものか。

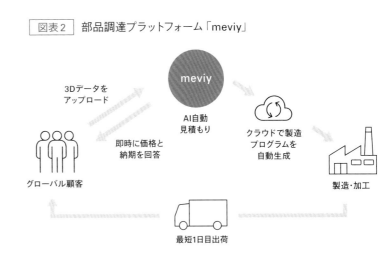

**図表2** 部品調達プラットフォーム「meviy」

3Dデータと見積もり、製造プログラムをクラウド上のAIが管理。
即時見積もり、最短1日目出荷の時間革命を実現した。

**吉田** ミスミは従来からITをうまく使う会社だ。データ通信による受注を開始したのも90年代初頭であり、業界ではトップランナーだった。大量のトランザクションをさばく高度な基幹システムも整えている。

その最新事例が、2019年から本格展開をスタートした、ミスミと駿河生産プラットフォームが開発した「meviy」だといえる。meviyには2つの革新がある。一つは「AI自動見積もり」。お客様が3D設計のデータをアップロードすると、AIが部品の形状を読み取る。これまでは職人が行っていた価格と納期の計算をAIが数秒で行う。これにより、見積もり業務が大幅に効率化され、お客様が機械部品調達にかけていたコストを大幅に削減した。

もう一つは「デジタルものづくり」の革新だ。従来のミスミ生産方式をさらに推し進めた。具体的には、お客様がアップデートした設計データから、加工機を動かす製造プログラムを自動生成。それが工場へ転送され、製造を行うまでのプロセスも、ほとんどを自動化した。この2つの革新により、即時見積もりと、受注から最短1日での出荷が実現した。

meviyは、日本の製造業が抱えている課題を解決するものだ。製造業は、いまだ日本の基幹産業であり、国際競争力も強い。その一方で、労働生産性は下落の一途をたどっている。生産年齢人口は減少し、働き方改革によって業務量も減った。「多くの人間が、多くの時間働く」これまでの戦い方からの転換を迫られている。「量から質へ」と働き方を変え、生産性を向上させなければ、日本の製造業は生き残れない。

そこで有効な手段となるのがDXだが、製造業にはDXを阻む構造的な

問題があった。

設計−調達−製造−販売というバリューチェーンを見ると、設計はCADで、製造はロボット化で、販売はeコマースでデジタル化が進んでいる。ところが調達だけデジタル化が遅れている。象徴的なのがファックス利用率だ。数年前、ミスミのお客様約5100名を対象に調査したところ、約98％がいまだにファックスを利用していた。

こんな試算も行った。1500の部品からなる設備を調達しようとすると、作図の手間に750時間、見積もりの手間に25時間、見積もりの返事と製品が届くまでの待ち時間に168時間かかっていた。1500点の部品を調達するのに、トータルで約1000時間、125日も費やしていることになる。仮に、日本の製造業38万社が1社あたり1台ずつ前述の設備を調達すると、年間3.8億時間。時給をもとに換算すると、年間2兆円の間接コストが調達領域だけでかかっている。

調達領域が、製造業の生産性向上のボトルネックになっている。この課題に対するソリューションとして「meviy」は生まれた。即時見積もりと、最短1日目出荷を実現することで、前述の部品調達にかかっていた約1000時間を約80時間に短縮し、新たに約900時間をお客様に提供できる。

## meviyを育んだ「モデル進化」のDNA

──なぜ、ミスミと駿河生産プラットフォームだけが「調達」領域をDXできたのか。もともとIT活用に積極的だったからか。

**吉田** いや、「ITを使わなければいけない」という感覚は我々には一切ない。ITはあくまで、顧客時間価値を提供するための手段でしかない。

我々は、社員一人ひとりのミッションを「モデル進化」だと定義している。この言葉は、ミスミグループのDNAと

して、皆に埋め込まれている。

例えば従来からの「部品のカタログ販売」というビジネスモデルにしても、そこに永住するわけはいかない。カタログ販売を進化させるために、これまでさまざまな取り組みを行い、やがてたどり着いたのがmeviyとも言える。「3Dデータをアップロードしたら1日で部品が届く」そんな世界を実現しようと思ったらITが必要だったのだ。ミスミがなぜITを使うのがうまいのかと問われたら、「モデル進化を常に考えているから」かもしれない。

当然、モデル進化には失敗がつきものだが、ミスミには、それを許容する文化がある。

meviyにしても、完成するまでは失敗の連続だった。そもそも、なぜmeviyをつくろうと思ったか。前述のように、カタログに掲載されている部品が3000万点、サイズ違いや材質の違いなどを組み合わせると800垓の商品バリエーションがあるといっても、規格品がカバーできるのはお客様のニーズの半分程度だ。お客様が設備をつくるとなると、カタログからすべての部品を手配するのは難しく、カタログで手配できない部品は一つひとつ図面を作成し、注文する作業が発生する。そこは、今も昔も変わらず、図面を描いて、FAXを送って、電話してと手間がかかっていた。

この課題を解決するため、試行錯誤したが、多くは失敗した。ソフトウェアを開発したこともあれば、特殊なカタログをつくり込んだこともあるが、どれもうまくいかなかった。

図表3 調達の現場でかかる時間コスト

例）部品数1500点を調達する場合

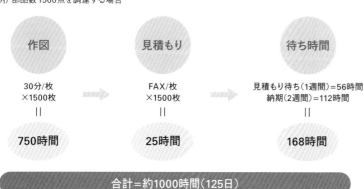

作図　30分/枚　×1500枚　＝　750時間

見積もり　FAX/枚　×1500枚　＝　25時間

待ち時間　見積もり待ち（1週間）=56時間　納期（2週間）=112時間　＝　168時間

合計＝約1000時間（125日）

その失敗の連続の中で気がついたのは、「選んでもらう」というカタログ的な発想の限界だ。逆に、お客様には自由に設計してもらい、そのデータをアップロードすると、規格品同様に、その場で価格と納期がわかるような仕組みをつくればいいのではないか。このとき「選んでもらう」から「描いてもらう」へと発想が転換した。その転換はひらめきによってもたらされたものかもしれない。しかしそのひらめきも、失敗を重ねたからこそ生じたものではなかったか。

モデル進化と言葉にするのは簡単だが、新しい価値の創造は「千三つ」、つまり1000個あるうち3つ当たればいいといわれるほど多産多死が宿命づけられている。ならば、失敗を避けては通れない。第一、モデル進化をしようと思ったら、今のケイパビリティではできないことにも挑戦しないわけにはいかないのだ。「AI自動見積り」の開発にしても、ノウハウは何もないところから始まった。大手ベンダーに持ちかけてもすべて断られ、やむなく世界中のエンジニアを1人ずつ口説いて回った。

**遠矢** 失敗続きは、我々生産現場が「デジタルものづくり」の革新を進めたときも同じだ。それまで3000万点から800垓の商品バリエーションには対応できていたが、meviyはそこが無限大になる。

ミスミ生産方式の蓄積がベースにあるとはいえ、お客様からの3Dデータをいただいてからの工程や生産管理を自働化するのは、非常にチャレンジングだった。人間なら直感的に対応

PROFILE

吉田 光伸（よしだ・みつのぶ）

国内大手通信会社、外資系大手ソフトウェアベンダを経て、2008年に株式会社ミスミグループ本社へ。国内事業や中国事業に携わる。「meviy」立ち上げに従事し、2018年meviy事業を展開するID(Industrial Digital Manufacturing)企業体の社長に就任。

PROFILE

遠矢 工（とおや・たくみ）

大手特殊鋼メーカー、フィルム・光学機器メーカーを経て、2007年に株式会社ミスミグループ本社へ。金型標準部品製造責任者などを経て2017年より生産プラットフォーム代表執行役員、株式会社駿河生産プラットフォーム代表取締役社長に就任。

できるところも、機械はそうはいかない。コストに見合った加工工程を選ぶ必要もある。meviy完成までに、かなりの失敗を積み重ねることになった。しかしありがたかったのは、我々が自由に取り組める環境、失敗が許容される期間をミスミグループとして確保してもらえたことだ。「会社のお金で食わせてもらっているのだから、早く恩返しをしなくては」というマインドになれた。

## 日本の強みをDXで敷衍化 これからのものづくり

**——ミスミグループの生産機能を担う駿河生産プラットフォームに「これからの日本のものづくり」を聞きたい。**

**遠矢** 難しい質問だと思う。今話し

たビジネスモデルで、世界のどこでも戦えるかというと、このままでは戦えない。「日本のものづくり、ここにあり」の意気込みだけで世界に打って出られる時代ではないと思っている。

だが、日本のものづくりがいまだ高い国際競争力を持っているのも事実だ。「擦り合わせ型」の高いレベルのものづくりもあれば、長期雇用のなかで養われる「人」の力もある。ジャストインタイムと個の技量を自働化に埋め込んだ持続可能な生産DXモデルをつくれば、さらなるリードタイム削減から顧客時間価値が上がり、生産性向上からコストが低減し、グローバルで戦うための処方箋が見えてくるのではないか。ミスミらしい自発・自創・自走の姿勢でモデル進化に挑戦し続けたい。人間尊重の姿勢で。●

日本のものづくりの未来を育むためには?

# 業界や経営機能・部門の
# 横ぐしを通した共創のハブになる

Chapter1〜3では、日本の製造業の強みを再認識し、各企業の取り組みを知り、
発展的な未来へと向かう道筋を明らかにしてきた。
ここでは日本能率協会(JMA)の小宮太郎専務理事に、JMAがものづくりの未来にどう関わっていくか、
日本の産業界にとってどんな存在を目指していくかを聞いた。

Photo: Takafumi Matsumura　Text: Atsushi Watanabe

## 小宮 太郎

一般社団法人日本能率協会　専務理事

## 日本のものづくりが
## 直面する3つの課題

　JMAは日本のものづくりを「場づくり」「人材育成」「一隅を照らす」の3つの観点からサポートさせていただいている。

　1942年の創立以来、いつの時代も試行錯誤しながら、会員企業の課題解決の道筋を見つけてきた。だが、今ほど横のつながりが重要だと思われるときはない。誰かが考えた手法を縦のつながりで共有していくやり方では通用しなくなってきた。正解のない課題に対して皆で議論し、一緒に解決していくプロセスに価値がある。JMAに求められているのはそこでのプラットフォームになることだ。

　産業界が直面している課題は大きく3つある。

　一つ目は個社対応の限界だ。ものづくり企業が抱える経営課題が、個社では解決できないほど重たいものになってきている。脱炭素（カーボンニュートラル、Scope1～3）、事業継続計画（BCP）、購買調達を含むサプライチェーン……いずれも難題だ。特にサプライチェーンは、コロナ禍で自動車向けの半導体の供給が止まり、生産がストップしたことは記憶に新しい。中国やロシアの事情など地政学的な複雑さも日々増している。JMAの各評議員会では、「サプライチェーンや環境対応などの共通課題を、企業や業界を越えた協調により解決できないか」などと実論で生々しく議論する場面が増えてきた。

　2つ目はビジネスにおいて、これまでの延長線では戦えないことがはっきりしてきた。従来あった勝利の方程式が通じない局面が出てきたのだ。例えば、生産現場におけるジャスト・イン・タイムや、在庫を持たないこと、改善を連続して行うといった優れたシステムは、その最適さゆえに、想定外のことが起きると脆弱性を生む。既存事業を続けていくことが安泰ではなく、先細りとなる未来が見える。代わりに新規事業を考えてみても、仮説→検証→実行を重ねていく中で、当然、失敗も伴う。それをどう捉えていくべきか、各社は頭を悩ませている。

　3つ目は人材育成だ。コロナ禍で働き方が大きく変わってきたこともあり、採用の仕方、OJTのあり方、人事制度などの対応に各社が追われている。在宅ワークを経験し、通勤時間がなくなり、同僚との交流がなくなったときに、ずっとこの職場にいていいのかと考えた人が多かった。

**図表1　産業界が抱える主な課題**

**❶ 個社対応の限界**
脱炭素、BCP、サプライチェーン問題など大きな課題

**❷ 勝利の方程式が通じない**
誰も経験したことのない状況・事業環境になった

**❸ 人材育成の課題**
働き方など、大きな価値観の転換が起きている

　仕事に対する価値観が変化したのだ。転職したり、自分が好きなことに絞って仕事をしたり、特に若い人は、就社ではなく就職の意識が強い。「会社」ではなく「職」を優先する傾向がある。労働人口は減っているから、企業側は指をくわえて人材流出を傍観しているわけにはいかない。フィジカルとバーチャルの強みを融合し、人材活用に取り入れていく動きもある。米国風のシンプルなジョブ型に転換する会社もある。だが、3年、5年とやっているものの、行き詰まっているという声も聞こえてくる。これらの課題はまだ出口が見えていない。

## プラットフォームとして
## 知、情報、人の交易拠点へ

　産業界が抱えているこれらの課題を踏まえて、JMAは人が集い、議論が生まれるプラットフォームであると認識している。

　この動きが目指すのは「協調」と「競争」だ。共に創り、共に戦う、そのためにJMAが動いていく。

　企業が横のつながりを持ち、「共に」行動することには、もう一つの必然性がある。市場のグローバル化だ。

　2012年にJMAの会長（当時）であった山口範雄が、日本の少子高齢化はもう止められない、そうなると市場はグローバル化せざるをえないと説いた。そこで提唱したのが「アジア共・進化」だった。12年前の言葉だが、今まさに重要度が増している。日本企業はアジア地域までを市場と捉えて、企業同士が共に創り、共に戦う＝進化をしていくことが必要だ。

これを裏付けるように、評議員会での議論の中身も顕著に変わってきた。かつては皆、国内での自社のマーケットシェアに固執し、A社の製品とB社の製品のどちらのシェアが上か、という話が多かった。それが、この10年ぐらいで、今はそんな場合じゃない、という声が出てきた。自動車メーカー、化学メーカー、日用品メーカーが、もう国内で争うような話をしなくなり、どこの市場でどう戦うか、という話をしている。グローバル化の文脈においても、横のつながりを生かして共に行動する機が熟しつつある。

## 日本のものづくりの強みを生かし
## 躍進を遂げるためには

ここで深めていかなければならないのが、日本のものづくりの強みに特化した戦い方だ。為替、市況、景気、シリコンサイクルに左右されないものづくり、BCPに対応したサプライチェーン、カーボンニュートラル、EV等、こうした領域では、ある特定地域がルールを決めて、日本企業はそれを受け入れ、どう準拠しようか？　と悩んでいる。

脱炭素の基準を前にして、「皆どうやっているの?」「お金ばっかりかかるのだけど」「排出量をクレジットで買うしかない」と頭を抱えながらも、利益を出さなければいけない。ルールに逆らうことはできないから、仕方がない。だが、ルールに流れ流されているだけではダメというのも現実だ。

EVにしても、全世界の車をEVにするのは簡単ではない。そのための電気が一体どこにあるのか。特に日本は電気がない国だ。夏になると電力が不足する。ガソリンを使うより、電気をつくって車に利用するほうがカーボンニュートラルに程遠いという事実もある。アジアには他にも電気が不足している地域がある。そこをしっかりと見定める必要があるだろう。ガラパゴス化は後ろ向きに使われることが多いが、前向きにガラパゴス化を残し、技術革新をしていく選択肢もある。EVに流されるだけでなく、内燃機関を持つような自動車に挑戦し続けていく道もある。

日本のものづくりの強みについては、さまざまな議論がある。個人的には現場力、高機能材開発、高品質という3つは欠かせないと考えている。しかし、これだけでは今は勝てなくなっている。プラス何かを探していかないといけない。そのためのオープンな対話と、フィールドワークの重要性を感じている。

## JMAの財産＝
## 国内最大級の経営者人脈

協調と競争のプラットフォームを目指すうえで、JMAが築いてきた経営者のネットワークは大きな強みになる。

我々が大事にしている言葉に「縁尋機妙（えんじんきみょう）　多逢聖因（たほうしょういん）」がある。良い縁がさらに良い縁を呼び、知らず知らずのうちに発展していく、という様を表している。

JMAは業界団体でもないし、特定の工業団体でもない、よって利益代表でもない。だから、いろいろな会社の経営者と分け隔てなくお付き合いできる。

集合知という意味において中核をなすのが9つある評議員会だ。人事・教育、開発・技術、生産、購買・調達、マーケティング、関西、中部、上海、バンコクの各領域に、会員

PROFILE

小宮太郎 (こみや・たろう)

1972年埼玉県出身。1995年東急建設株式会社に入社。大手私鉄工事現場の渉外や決算安全管理業務、離島リゾート開発事業などに従事。2002年に日本能率協会に入職。展示会や海外研修、ものづくり振興事業、「シリコンバレーニュージャパンサミット」などを手がける。2018年産業振興センター長に就任。バンコク、上海でのカンファレンスを実施。2020年理事就任、2022年専務理事就任。現職。

企業の経営者の中から選ばれた評議員が置かれ、実論に基づく知見をまとめている。

なかでも、5年前に立ち上がったマーケティングの評議員会が当面のキーになると考えている。マーケティングの思想は今やあらゆる場面で必要だ。開発・技術の評議員会でも、「エンジニアやR&Dが新しい技術があります、と言ってきてもそれだけでは何にもならない。そこから先にどういう用途があって、どんな製品にできて、どういう市場に向いているかをイメージできないとダメだ。エンジニアにはマーケティングの思想を持ってもらいたい」という話が出た。開発・技術×マーケティング、は一例に過ぎない。○○×マーケティングというようにさまざまな領域にかけあわせていかなければいけない。このように、横断的な知見の融合が必要になったときに、いつでも動ける土壌があることがJMAのアドバンテージだ。

## 欧米諸国がリードする
## 政財界一体の政策に追いつく

経営者のネットワークに加えて、最近では政界とのつながりも重視し始めている。なぜならば、諸外国、特に欧米諸国が政治と実業の強い結びつきをもって攻めてきているからだ。例えば、脱炭素におけるルールづくりをみても、政財界で一体となって進めるから速い。そうした中で、日本だけが今まで通りにやっていても通用しない。

2023年からは政府関係者とお会いして、今の困りごとを共有する機会を設けている。

そのときの話で印象的だったのは、「国がインフラというと、いまだに1964年の東京オリンピックのときの高速道路などを指す。これだけデジタルが普及して、インフラの概念が変わっても、当時と概念や領域が変わってない。だからインフラとは何を指すか？　というところから変えるべき」というもの。

こうしたアップデートの部分も含めて、諸外国と伍していくためには、政治と無関係ではいられないのだ。

JMAは従来から大学の先生とのつながりが強く、霞が関の各省庁の方々とのネットワークもある。例えば、経済産業省、国土交通省、文部科学省、厚生労働省などと話をして、一緒に議論できるような場を設定するアプローチも取ってい

る。そこに政界の方々との交流を加えることで、産官学＋政の人脈ができ、実論に基づき、変化を起こす力を発揮できるようになる。

## 知見が共有される場をつくるために
## JMAがまず変わっていく

普段から実践的な解決策を考えていても、それが共有、実行される土壌がなければ効果にはつながらない。

情報発信は非常に重要だ。プラットフォームとしての使命ができ、そこに多くの人が交わっていくとき、その営みをダイレクトにメディア化していけば、気づきと勇気の連鎖が生まれる。

例えば、評議員会で言語化された課題を一緒に掘り下げ、その議論も含めてコンテンツとして共有していく。絶対に避けなければいけないのは、せっかくいただいた気づきをそのままにすることだ。会議のたびに意見を吸い上げて、放置されていたら、「この前のあの話はどうなったの？」と疑問に持たれて、次からは言ってもらえなくなる。これは一番の裏切り行為だ。正解のない問いのインプットをもらったら、アウトプットとまでいかなくても、リアクションを必ず行う。そうするとお互

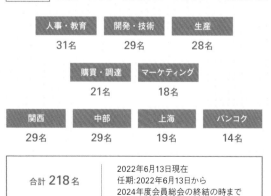

図表2　企業の知見・経営課題を表出させる評議員会

| 人事・教育 | 開発・技術 | 生産 |
|---|---|---|
| 31名 | 29名 | 28名 |

| 購買・調達 | マーケティング |
|---|---|
| 21名 | 18名 |

| 関西 | 中部 | 上海 | バンコク |
|---|---|---|---|
| 29名 | 29名 | 19名 | 14名 |

| 合計 218名 | 2022年6月13日現在<br>任期:2022年6月13日から<br>2024年度会員総会の終結の時まで |
|---|---|

9つのセクターに分け、会員企業の経営層から議長・副議長・評議員を選出。年1回の合同会議は、各評議員会の議長・副議長が集い、産業界の課題などについて話し合う。その他、分科会や勉強会も実施している。

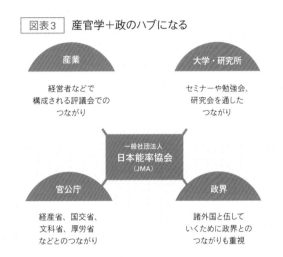

図表3　産官学＋政のハブになる

**産業**
経営者などで
構成される評議会での
つながり

**大学・研究所**
セミナーや勉強会、
研究会を通した
つながり

一般社団法人
**日本能率協会**
（JMA）

**官公庁**
経産省、国交省、
文科省、厚労省
などとのつながり

**政界**
諸外国と伍して
いくために政界との
つながりも重視

いの気づきを尊重し合い、次のアイデアが生まれる。

私はこれを「天使のスパイラル」と呼んでいる。誰かが気づきを発信し、それに対して誰かがリアクションする。一つずつは小さな話だとしても、ぐるりと回るうちに、全体として少し成長し、一段上に向かう。それがつながっていけば、最終目的地がとてつもなく高いところだとしても、やがてたどり着くと考えている。

このときのサイクルは、PDCA（計画・実行・検証・改善）ではなく、caPD（検証・改善・計画・実行）になる。いきなり大きなC（検証）でなくていいのだ。まずは小さく試行錯誤してみる。仮説検証してみて、計画して、実行する。

今の時代は情報発信で出し惜しみしてはいけない。とにかくgiveしていく。我々が率先して胸襟を開いて、オープンマインドで話をする。そうすると、「実はあまり言えないのですけど、うちもそうです」という本音の対話が広がり、どんどん化学反応が起きる。

これに関連してJMAで実践しているのが、職員同士で日報を共有するという取り組みだ。

130人の職員が毎日、日報を書き、それを社内でオープン化し、誰でも読めるようにしている。ボタンでリアクションしたり、コメントをつけたりすることもできる。

ポイントは、業務の中で起きていることの本質をつかむこと、そして気づきを得ることだ。

出来事の羅列や感想文、四季折々の情緒がわかるような文章は要らない。気づきを得るために、思考パターンをどう変えるかが問われている。自分のビジョンがあって、現状があって、そこにギャップがあって、それをどう捉えるかという振り返りが大事。日頃から考えて、アンテナを張っていないと浮かんでこない。

職員に毎日、そうした気づきを書いてもらうことには、最初はものすごいエネルギーが必要だった。こちらもこまめにフィードバックするし、研修を開いて、思考や生活習慣の変化を促している。

良い気づきを発信できる職員が影響力を持ち始め、他の職員のリアクションを巻き込みながら、JMAの中で天使のスパイラルが増えていくことを目指している。

「隗より始めよ」というが、JMAの職員が率先してオープンイノベーションを起こせなければ何も始まらない。

## イノベーションを目指すとき
## 失敗を怖がってはいけない

誰かの気づきをもとに行動に移すとき、失敗はつきものだ。アジャイルで小さく動かすとはいえ、我々もたくさんの失敗を積み重ねている。

かつて、目利き人材というテーマが開発・技術の評議員会で出て、目利き人材を科学的に分析しようということになった。各社にいる「この人の言うことは的中する」という人は、だいたい1000人に5人ぐらいの割合でいるそうだ。いろいろな会社から5人ほど集めて、アセスメントを受けてもらい、どういう能力、コンピテンシーを持ち、何に長けているのか分析した。だが答えが出なかった。それでも、これはナイストライと位置付けている。

共通の資質はわからなかったが、各社のエース人材がどういう特性を持っているのかがわかった。そこから逆算すれば、各社の風土等の分析もできる。天使のスパイラルは一足飛びに上にはいけない。問題なのは、次につながるリアクションのないまま終えること、すなわちご意見、お困りごとを聞きっぱなしにすることだ。

失敗は数え上げたらきりがないが、どれも誰かのアイデアにリアクションをしたから形になったし、失敗にめげず、そこに誰かがまた小さなリアクションを起こせば、新しい可能性が生まれる。

## 共に創り、共に戦うためには
## リアルで会うことも大事だ

コロナ禍を経て、リモート会議やチャットベースでの情報共有が普及している。もちろん、それは便利だし、時間と場所の制約を取り払ってくれる。だが、それとは別にリアルで定期的に会うことはやはり重要だ。

JMAは毎年、展示会の事業を行っている。コロナ禍では、バーチャルやオンライン展示会が広がり、リアルの展示会はもうなくなる、という話も出てきていた。だが、それは極端な話であって、リアルとバーチャルのどちらかに偏れば、コミュニケーションの可能性を小さくしてしまう。1年に1度、リアルで開催する日を目指して、その隙間で上手にリモートでのコミュニケーションも駆使すればいいのである。

私はこれを「七夕大作戦」と名づけて、キャンペーンを展開した。織姫と彦星が出会う7月7日も年に一度。この寓話はその日しか会わないことを示唆しているが、想像してみると、途中に文通していたり、何かの合図を送ったりしていたかもしれないのだ。

同じように、3月に東京で展示会があるから、そこで会いましょうと約束して、その間をリモートで埋めていく。場合によっては、7月に大阪でもやるので会いましょうとなるし、さらに北海道と福岡でも開催されることになったので、会えたら会いましょうね、という話にもなる。バーチャルでつなぎながら、人間関係をメンテナンスするのだ。

プラットフォームを目指していくときに、気づきをgiveし合える関係を維持できること、そして、本音の対話をしやすくするための仕掛けづくりは欠かせない。真面目な議論だけでなく懇親会やゴルフに行くことも大事にしている。企業の経営者として接するだけでなく、プラスアルファで、その人となりも理解できてくる。言いづらいことも言えるし、決めなくてはいけないときも決めやすい。コミュニケーションの効率はもちろん必要だが、ご縁をつないで、丁寧に仲間を紹介し合い、お互いをよく知っていくための手段と機会は多いほうがいい。

その先にある、日本のものづくりが世界をリードしていく、というビジョンを実現していくためにも、生身の人間同士が事を起こしていくことを忘れずに取り組んでいきたい。

我々と一緒にやっていけば困難な課題に立ち向かえると考えてくださる企業経営者のためにも、横のつながりを活かせる場づくりと、そのための優れたプラットフォーマーになることが急務である。🅐

図表4　天使のスパイラルを高速でまわす

内部で「caPD」サイクルをまわす

check（検証）
Do（実行）
action（改善）
Plan（計画）

cとaは小文字で良い。
小さく試行錯誤し、だんだん大きく実現していく

未完成でも気づきなどを
必ずアウトプットする
（少なくともリアクションする）

叱責や激励などを含め、
フィードバックをいただける

評議会や会員
企業の経営者

インプットをもらったら、必ず何らかの形でリアクションを行う。発信すれば誰かがリアクションしてくれる。最初は小さな話でも、少しずつ成長し、一段上に向かう。そうやって高みを目指していくのが「天使のスパイラル」だ。

# THiNK! 別冊 No.11

強みを再発見、協調と競争で切り拓く

# 日本のものづくりが向かう未来

2024年2月6日　発行

| | |
|---|---|
| 監修 | 一般社団法人日本能率協会 |
| 監修担当 | 一般社団法人日本能率協会（小宮太郎、丸尾智雅、吉田尚史、宇佐美裕一、森宮千尋、石黒透） |
| プロデューサー | 新井泰嗣 |
| ディレクター | 長谷川大佑 |
| 編集協力 | 合同会社ブリッジワークス（渡部睦史、安藤大介） |
| デザイン | 株式会社dig（成宮成、峰村沙那、永田理沙子、大場澄香、山田彩子） |
| 印刷・製本 | 昭栄印刷株式会社 |

発行者　田北浩章
©TOYO KEIZAI 2024

Printed in Japan ISBN978-4-492-96233-6
https://toyokeizai.net/

東洋経済新報社
〒103-8345　東京都中央区日本橋本石町 1-2-1
電話　東洋経済コールセンター 03-6386-1040

本誌中、特に出所を明示していないものは、各種公開資料に基づいて作成されたものです。